JN439773

분홍분홍

● 웹 월간詩 젊은시인들 8

Young poets

포엠포엠 시인선 001

분홍분홍

● 웹 월간詩 젊은시인들 8

Young poets

포엠포엠
POEMPOEM

[젊은 시인들] 8집을 펴내며

시야가 흐려지고 하늘그물이 내려앉는다
모래비 쏟아지는 능선을 타고 길이 구름 속으로 사라진다

네가 오지 않는 길이 내가 가지 않는 길이다
네가 오는 길이 바로 내가 가는 길이다
어깨를 부딪히지 않아도 좋다

등성이를 넘으면 또 다른 등성이,
사방에서 눈먼 모래바람 길을 만들고 길을 지운다
지운 길 위로 썩지 않은 열매들이 우수수 떨어지기도 한다
마법의 열매 속으로 기어들어가는 개미처럼

아무도 없는 사막에서
제 그림자를 밟으며 잠시 황홀한 적도 있었다

행간과 행간 사이, 너무 아득하구나

그곳이 숲이 아니고 사막이라면
그곳이 하늘이 아니고 사막이라면
그곳이 오아시스가 아니고 사막이라면
한 점 모래가 되어 잠기어도 좋다

마법에 걸려 미로를 걸어가는 애인아

시방 네가 있는 곳은 하늘보다 더 푸른 사막
한 번도 이 행간을 벗어난 적이 없는 네가
이제 책장을 넘길 때마다
네 입술은 입술과 입술을 낳고,
그 입술은 또 수많은 새를 풀어놓을 것이다.

구름이 네 입술을 뜯어먹고 바람에게 속삭일 것이다
바람이 네 눈동자를 뜯어먹고 구름에게 속삭일 것이다.

저 푸른 사막이 흘러가네
저 푸른 사막이 흘러가네

정체 모를 열매들이 주렁주렁 배란의 강물 속에 갇혀
하늘 건너는 신기루에 매달려 손짓하고 있다

2012년 7월

하 재 청

▦ 차 례

▪ [젊은 시인들] 신작시

■ 이달의 시인 시선

■ 젊은 시인 시선

■ 초대시인 시선

■ [젊은 시인들]의 추천시 / 장인수

김나영 | 내 청춘의 비굴도卑屈圖 외 1편

김혜영 | 분홍 분홍 외 1편

박일만 | 대장내시경 외 1편

박종인 | 가시의 효능 외 1편

안효희 | 괜찮아, 외 1편

이선행 | 문자 메시지 외 1편

이은주 | 마른 꽃 외 1편

이일림 | 交戰 외 1편

이정모 | 은밀한 길 외 1편

이창하 | 소나기 외 1편

장인수 | 뇌물 외 1편

전건호 | 호리병에 갇힌 가릉빈가 외 1편

정연탁 | 가만히 전깃불을 끈다 외 1편

정이랑 | 나팔꽃 사랑 외 1편

정훈교 | 적[赤, 迹, 敵, 吊] 외 1편

하재청 | 굿모닝 헬스 외 1편

한보경 | 대기 불안정과 그 밖의 슬픈 기상 현상들 외 1편

한해미 | 푸른 강 외 1편

[젊은시인들] 신작시

내 청춘의 비굴도卑屈圖 외 1편

까닭 있는 적의가 내 안에서 가성소다처럼 부풀어 올랐다 한 번쯤 폭발했어야할 청춘은 끝내 평화로웠다 무엇이든 닥치는 대로 씹어대지 않으면 부끄러운 피를 견딜 수 없었다 태양은 내 반대편에서 떠오르고 나와 관계없이 졌다 한번도 격렬하게 싸워보지도 않고 나는 비열하게 졌다 가족과 한 마디도 하지 않는 날이 예삿날이 되었다 말을 점점 잃어갔다 발설되지 못한 말을 기록하려고 펜을 들었지만 저작저작 껌을 더 많이 씹었다 어디로든 취하고 싶었지만 취할 용기도 없었다 가스통이라도 껴안고 불 속으로 나를 장렬하게 소화시켰어야 했다 성냥 하나 살 돈이 없어서 끝내 무사했던 내 청춘, 그 후 내 생은 아무리 살아도 지리멸렬한 여생이다

김나영

1998년 『예술세계』 등단. 2005년, 2008년 한국문화예술위원회 창작지원금 수혜
시집 『왼손의 쓸모』, 『수작』. 한양대학교 국어국문학과 박사과정 수료

'그냥' 이란 말

그냥 전화하고, 그냥 만나고, 그냥 밥 먹던
그 사람들 뿔뿔이 사라지고 없다
그냥 만나, 그냥 전화했어,
그냥 밥 먹자고 했다가는
어느 당 소속이냐
네 색깔은 뭐냐
네 배후는 누구냐
출신 성분부터 대뜸 의심 받는다
마치 구시대의 유물처럼 나를 바라본다
목적이 창궐하는 시대에 우리는
민족중흥의 역사적 사명을 띠고
호모 사피엔스로 태어났다
선생님의 구령에 맞춰서 즐겁게 춤을 추다가
무리 짓는 법 유치원에서부터 배웠다
세살 때부터 배운 그 버릇 뼛속 깊이 사무쳐
선생님 없이도 우리가
무장무장 떼 지어 만났다 헤어지고
만났다 헤어지는 사이
내 안의 벌판에서 야생화처럼 피어나던
야생마처럼 천방지축 뛰어놀던
그냥이란 말, 서서히 사라져 갔다
한때 내 안에서 들불처럼 와와 번져나가던
'그냥' 이란 말

분홍 분홍 외 1편

색깔로 기억되는 남자
그를 부르면 분홍으로 물들어
환한 머리칼을 흔든다

그가 남자인지
동물인지 식물인지

해고는 전화 한 통화 없이
간단한 이메일로 날아온다
분홍빛인지
검은 빛인지

수화기를 들고
입술을 파르르 떠는 동백

날씨가 춥다는 인사는
쓸쓸한 입맞춤인지
다정한 입맞춤인지

농담처럼
이별이 널려 있는데

김혜영

경남 고성 출생. 1997년 『현대시』 등단. 시집 『거울은 천 개의 귀를 연다』,『프로이트를 읽는 오전』, 평론집 『메두사의 거울』. 『시와 사상』 편집위원, 웹진 『젊은시인들』 발행인, 제8회 애지문학상 수상

폭설이 내린다
먼 도시 뒷골목에서
힘 빠진 어깨를 들썩거릴지도
이불 안에서 나오지 않을지도

불안한 소년이
텅 빈 골방에 씨를 뿌린다

불면증

똑 바로 누워도
돌아누워도

왜 그랬지?
왜 동일한 실수를 반복하지?

장미가 가시를 물고
가시가 장미를 물고

고양이도 담벼락에서 떨어지고
곰도 곡예사의 팔뚝을 할퀴고
매도 사냥감을 놓치고
쥐도 쥐구멍을 모르고

짙은 남빛 바다 속처럼
아득하다

과녁을 잃어버린 화살
허공을 날 수도
활시위를 떠날 수도 없어

왜 그랬지?
태양을 도는 슬픈 달

실패해도
도전하는 꽃이 아름다워

대장내시경 외 1편

남은 날들을 진단하려고
아랫도리 벌려 깊숙이 본다는 거
참 어처구니없는 체위다
지난밤부터 비우기 시작한
수십 해의 내력이 허전하다
실눈을 뜬 촉수로 속내를 본다는 거
들킨 것이 많다
숨긴 것도 꽤 많다
게다가 내가 나를 제거 한다는 거
참 다행이다 싶은,
밝은 햇살에 나를 내다 말려서라도
뒤집어 보고 싶다는 거
아래로 흘러내리는 진물을 훔쳐내는 거
죽기 좋은 계절을 택해
전생과 후생을 들여다본다는 거

박일만

전북 장수 출생. 중앙대 예술대학원 문예창작과정(詩) 수료.
2005년 『현대시』 등단. 2011년 문예진흥지원금 수혜. 시집 『사람의 무늬』

사람

눈꽃열차가 승객 수백을 뱉어 놓은 승부역
오지마을 할매들 시장 열었다
상표도, 가격도
정해진 중량도 없는 더덕, 산나물, 도토리묵…
흥정이 무색하게 담아주는 손 푸짐하다
열여섯에 시집와 산문 밖 출입 한번 안 해 봤다는
김옥선 할매
첫아이 일곱 살 때 먼저 보낸 남편 대신
품팔이로 삼남매 키워 모두 대처로 보낸,
계산도 잊고 먼발치에서, 좌판을 내줬다
그저 바라만 볼 뿐
삽시간에 무인점포가 되는 묵가게
알아서들 먹고 마시는
손님에게 돈부터 받아 본 적 없다는 노할매
제 값을 안 챙기느냐는 물음에
– 돈은 받아 뭐해!
이렇게 사람 많이 보면 배부르지 뭐!

가시의 효능 외 1편

동화책을 펼칩니다 장미가 담장 밑에서 싹을 틔우고 있습니다 나는 그것을 눈으로 삼키고 입으로 내어 놓습니다. 아이는 침대에 누워 귀로 받아먹고 머릿속에 장미를 키웁니다 담장의 가슴을 딛고 오른 장미가 넝쿨을 펼쳐놓습니다 두 손으로 장미를 받쳐 들다 가시에 찔린 담장이 철조망으로 장미를 쿡쿡 찌르며 색안경을 낍니다 장미는 가시를 무릅쓰고 자꾸 넘어가는데 아이는 잠속으로 빠져듭니다

주변이 색안경을 끼고 의심을 싹틔운 뒤 무성한 소문이 온 마을을 뒤덮었습니다 가시 섞인 말이 꽃을 따고 잎을 따더니 병든 장미라고 놀렸습니다

그 뒤 나를 흔들고 간 슬픔은 거름이 되어 더 멀리 손을 뻗어 세상을 만지게 합니다 낡은 담장도 붉은 장미향기로 채워지고 펼쳐든 동화는 장미넝쿨처럼 더 힘차게 아이의 꿈속으로 뻗어갑니다

박종인

2010년『애지』등단. 제9회 산림문화작품공모전 대상.
p7a7r7k@hanmail.net

유혹하는 여자를 사고 말았다

아침저녁 오가는 길목
길가에 늘어선
마네킹 같은 몸매가 발목을 잡는다
할부로 카드를 긁고
그녀를 집으로 데려왔다

그녀의 몸이 궁금했다
다리에 다릴 얹고 그녀의 팔에 내 팔을 끼우자
그녀가 내 허리를 보듬었다
숨기고 싶은 내 몸의 비밀을 그녀가 다 가려주었다

그녀를 껴입고 거울 앞에 섰다
눈이 부셨다 완벽하게
그녀와 한 몸이 되었지만,

한도초과였다
함부로 써버린 마음은
값을 치르느라
석 달 동안 휘청거렸다

아름다움은 곧 퇴색되었다

괜찮아, 외 1편

죽은 별을 바라보다가
죽은 생선을 요리한다
핏물이 번지는 물고기의 뱃속에 든
모로 누운 작은 물고기

누가 보낸 연서인가
이별의 시작인가

죽은 시간의 지느러미를 따라
뜨거운 여름은 가고
길고 메마른 시간 위
뒤집힌 매미가 마지막 하늘을 본다

자고 일어나면 떨어지는 다섯 시
떨어지는 여섯 시
그 잎사귀, 잎사귀를 쓸어내느라
등이 굽는다

석유 냄새나는 꽃을 짓밟으며
트럭이 지나간다
가득 실린 폐타이어들

안효희

부산 출생. 1999년 『시와사상』 등단. 시집 『꽃잎 같은 새벽 네 시』 『서른여섯 가지 생각』
『시와사상』 운영위원, 『시와사상』 편집장 역임. hyohee58@hanmail.net

구멍 난 무덤이다
무덤 속의 구멍이다

바람이 불어온다
덜덜덜 오래된 냉장고처럼 차가운
보이지 않는 하루가
떨어져 뒹군다

산책

그 곳에서

빨랫줄에 걸린 스웨터처럼 앉아
빵을 뜯어 먹는다
저 넓고 먼 하늘에 존재하는
수많은 것들이 나를 내려다본다

그림자 하나로 말벗을 삼는 패랭이꽃을 지나
여자와 푸들강아지가 걸어간다
겨울과 바람 사이의 나무처럼
나의 이전과 이후가 양쪽에서 팔짱을 낀다

그 곳에는

무엇이든 기억하려는 자와
기억보다는 잊어버리고 싶은 자
얼굴이 있는 자와 얼굴이 사라진
걸어가는, 뛰어 가는, 자전거를 타는

그들은 끊임없는 전진 중이다

그 곳으로

긴 다리를 건너
사막을 횡단한다
보이지 않는 것들이 따라간다
가끔 뒤돌아 힐끔 나를 관찰한다
나는 가만히 포개놓은 내 손을 만진다
수많은 말들이 사라진다

문자 메시지 외 1편

비와요
보고 싶어요

봄비요
봄꽃도 이슬만으로는 허기질게요
내려야할 때 내려서 이쁘오
당신
오늘 저 비 같은 사람이 되면 좋겠소

축복처럼 내리는
봄비 같은 사랑을 꿈꾸며
이슬만 먹어 야윈 봄꽃이 안쓰러운
한 사람을 난 알아요

비 맞으면
신록이 피기도 하지만
비 맞으면 감기에 걸리기도 하오
이제 그만 들어가오

도대체
정체 모를 허기에 가쁜 숨 몰아쉬던

이선행

충남 부여 출생. 2012년 『시선』 등단. lovely3004@hanmail.net

어느 늦봄 비 내리던 날,
빗소리에 매달려오는 글자들을 헤아려 보다가
문득 한 번도 피워본 적 없는
'에쎄' 담배 맛이 궁금해졌다.

* 메모 : Esse는 존재(being)라는 라틴어에서 유래한 말

구월의 문

그 뫼길 위에 끊임없이 내리던 비 그치면
여름의 자잘한 흔적을 덮고
온 산에 초연한 구절초 피어 날 것이다

바람을 마주 안고 느껴 울던 억새숲 속에서
그리움이 그리도 부질없다는 걸
나도 그대도 알게 될 것이다

그리움이 살길이었던 이들이
폭염 속에 까맣게 영글린 사랑을 쓸쓸히 거두며
구월의 문을 열면

짧아진 머리칼 사이 지나는 서늘한 바람이
안갯빛 은어의 강을 건너와
우리들 서글픈 아미를 식혀줄 것이다.

마른 꽃 외 1편

가스통 바슐라르의 책속에
기진맥진 잠들어 있는
촛불

금세 타 들어갈 듯한
깡마른 목대와
해쓱한 얼굴로
점점이 푸른 암내를 묻고

(나를 더 바삭바삭 말려줘
몸속의 수액을 죄다 빨아줘
세상과 교통할 수 있는
눈물은 모조리 앗아가 버려)

(메마른 부싯깃 되어
타닥타닥 꽃내 풍기며
화악 타버린 후
꽃재로 날리고 싶어)

내 속에
고요히 잠깨어 있는

이은주

2000『다층』등단. 계간『신생』편집장. gieunju@hanmail.net

마른 언어의 불씨

검은 열정을 품고
오롯하게 타오르고 있는

시간의 얼굴을 보면

1과 2 사이에 촘촘한 구멍이 있어 잘디잘게 부서진 검은 빛이 울컥거리며 새어나오지 3과 4는 빛을 움켜잡기 위해 부단히 움직이지 아주 가끔씩 여지를 주는 듯해 그 속임수에 놀아나는 것을 알면서도 구멍 너머를 넘볼 수밖에 없어 3과 4로 턱없이 부족해 5와 6을 깨워야 한다는 것을 알지 아니 안다는 게 아냐 그렇게 할 수밖에 없다는 거지 7과 8은 계약이므로 의무적이지 8까지 흘러왔다고 해서 이뤘다고 생각하는 것은 오해이며 자위에 다름 아냐 9와 10까지 애를 써야 해 눈을 감아선 안 돼 11까지를 걸고 12를 낚아채야 해 그래서 미끄러질 때까지 질펀해져 보는 거야

12 너머 그 어디쯤, 13이어도 괜찮을 구멍과 열쇠, 그 다른 이름이어도, 그 이름을 찾을 때까지, 다시 1과 2사이의 검은 빛 안으로 돌진할 거야

交戰 외 1편

남수단 누어 부족에게 전쟁이 걸려왔다
적도를 가로지르는 치타 무리를 본 것 같기도 했다
중앙선을 타고 세상의 종말이 온다는 통보였다
태양과 가장 가까이 있는 무를레 부족이 태양의 꼬리에 화살을 단 것이다
싸그리 없어진다는 것은 불타는 것의 대역이다
아침은 거룩하게 다가오고 우리는 좀 더 일찍 불씨를 껐어야 했다
가늘고 여린 말들이 칼날처럼 살아나 오늘의 약속을 벴다
그 여름의 설마는 늘 조마조마한 그늘에 얹혀 태양의 역습을 피했다 철면피처럼
정오의 태양을 피할 수 있는 여름은 없다
핑계와 흔적의 무덤이 여러 갈래로 생기고 나서부터
마을의 무덤이 흔적을 없애는 일에 바빴는지
마른 풀을 불태운 듯 지구를 남기지 않을 듯 격렬한 교전이 족장의 목숨으로 떠받혔다
우리들의 마음이 마을을 점령하는 정오 시점에는 상스런 기운이 하늘을 덮었다 공손처럼
누어 부족이 깡그리 잃고 바닥에 누운 것처럼
마음에 전선을 타고 참혹한 전화 한 통이 걸려왔다
세상의 누떼들이 경쟁의 투어를 끌고 달리는 먼 길

이일림

경남 고성 출생. 2008년 『시인시각』으로 등단.

아프리카는 아프니까 우리는 아프리카를 부러워했다
空의 음성은 하얗고 아프리카의 아픔만큼 어두웠다

악단은 프라이를 열고

그 집의 음악 소리는 정자나무처럼 유래가 깊은 편이다 모든 지휘는 여자의 손에서 운영된다 가장 먼저 건반악기의 발걸음이 부엌의 이모저모를 다듬는다 단원들은 다소 소박한 지킴이들로 구성된 21세기 끼니때를 위한 연주가들이다

악단의 등장 냄비 뚜껑의 심벌즈 드라이 앵글의 수저 채칼의 첼로가 당근의 베이스로 연결 영원한 우리의 쉐프, 도마칼 바이올리니스트

평일에 비해 청중이 많은 오늘은 특별 파티가 있는 주말 공기에 부푼 입들이 꿈틀거린다 구수한 플루트의 고음이 들리고 키친나무에 찰진 생기가 돌면 청중들은 스페셜 프라이 연주기법을 군침 편에 앉아 경청한다 중간 중간 소란한 장을 깨우는 건반 위의 반영구음 개숫물소리

한때, 이 오케스트라에도 타악기 울림 같은 절망이 다가오기도 했다 불꽃은 타오르는 꿈을 접었고 지휘자는 지휘봉을 내렸다 단원들은 무기한 연장 플래카드가 내걸린 개숫물 가에서 떠돌았을 것이다 악단이 악기를 접을 때처럼 집은 뒷모습의 소리로 적막을 울렸을 것이다

우화를 꿈꾸는 매미 한 마리 키친 오케스트라 나뭇가지에 살며시 올라앉았다

은밀한 길 외 1편

– 슈퍼 문

빛에 숨겨 두었던 폭포
어둠이 오자 하얀 다리로 걸린다
새들의 소리가 가루로 뿌려지고
별의 농도가 지쳐서 그림자로 눕는다
한밤의 무료 속으로 들어온 당신은
비린내로 길을 확대시키고
수많은 알전구를 어둠에 박고있다
천지사방의 눈들이 허공에서 떨어져
출처를 알 수 없는 미완의 파편들이
바람에 흩어지고
내 귀에서 두절된 당신의 말은
푸른 발자국으로 흠집을 남기나
악보가 되지 못한다
수평선을 들춰보면 자지러지는 소리
눈目을 버려야 듣는다
날지못하는 생이 싫어
이 등의 근원을 짚어보는 당신은
건널 수 없는 먼 곳을 바라보며
세상 모든 과거로 다리를 놓는다

이정모

2007년 『심상』 등단

채석강에서

그리움의 흔적을 책으로 쌓았다
술렁거림은 모자이크로 굳고
바람에 뿌리 내려 쌓아온 저 침잠
줄서서 어깨 기댄 시간의 문양이다

가슴처럼 하늘은 숨을 고르고
저물지 못하는 파도는 걸음을 막으며
노을을 안주로 취하기 시작 하는데
주빈이 되어 본 적 없는 사랑은
눈[目] 바깥을 수시로 들락거린다

은애란 소금에 절여서 내는 것이다
묵인을 하얀 결정으로 드러내고
지친 삶이 기록할 수 없는 역사는
파도에 금강석으로 박아두는데

기껏 나의 침묵이란
물주름 속 은어떼가
가볍게 튀어오르라며
던지는 먼 훗날의 봄볕을
보는 것이다

소나기 외 1편

드르럭 드르럭
한 무리의 무장 강도가 기관총을 난사한다
거리를 질주하거나
가까운 건물 속으로 몸을 숨기는 사람들
오우 敖雨
강도가 5억을 터는데 걸린 시간은 딱 5분
낭자한 흔적으로 철벅거리는 거리에
휑한 흙냄새가 역겹다

예고 없는 추위에 떨고 있는 가로수
순식간에 일어난 일이라
미처 응수할 수 없었다는 행원들의 인터뷰와
비로소 앵앵거리는 순찰차

아무 일 없었다는 듯
걸어가고 있는 당신,

이창하

시집 『케이오 요시다의 노래를 듣다가』로 2010년 경남문협 우수작품집상 수상

고속전철에서

슈슈슈슉-

놈은
깊은 구멍에서 나오는 거대한 *보아 뱀
- 거구에 어울리지 않는 민첩한 몸놀림이 녀석의 가장 중요한 특기
- 사람의 영혼을 빠르게 *우블리에르 성으로 옮길 수 있는 능력
- *요니를 향해 끝없는 욕정을 갈구하는 *링거의 저주나 기쁨을 찾는 터널의 정복자

민첩하다는 것에 대한 연상은
- 복잡한 생각을 가지지 말아야 함
- 마음속에 여과가 없어야 함
- 당연히, 이 구멍에서 저 구멍으로 순간 이동하는 욕망과 능력이 있어야 함

놈은
기억이 멈추는 곳이라 여기는 멕시칸들의 태평양 해저 따위도
아주 좁은 거리로 만들 수 있는 잠재력을 보유하고 있음

늦가을
추위에 떨던 나는
하나의 관념으로 향하는 자유와 고독이 공존하는
4차원에서
사랑에 대해 좀 더 적극적이거나 자주적인
행위가 그리웠어

거대함 때문에
빠르기 때문에
더욱
고독하고 슬픈 하얀 보아 뱀처럼
고독에 절인 나는
작은 구멍조차도 그리워
아내가 잠든 이불 속을 파고들고픈 욕정이 생겼어

슈슈슈 슉!

* 보아 뱀: 코끼리를 삼킬 수도 있다는 거대한 뱀
* 우블리에르: 영화 카멜롯에 등장하는 망각의 물
* 요니: 힌두에서 말하는 여성의 상징
* 링거: 힌두에서 말하는 남성의 상징

뇌물 외 1편

농부가
부지런한 소에게
갈비와 꽃등심을 상납하는가

흙이
부지런한 야생화에게
향기와 팔찌를 상납하는가

어부가
부지런한 갈치와 꽁치에게
청정해역의 비린내를 상납하는가

권력의 자리에 있을 때에는
생선 한 마리도 멀리해야만 한다

장인수

2003년 『시인세계』 등단. 시집 『유리창』, 『온순한 뿔』, su031777@hanmail.net

맛봉오리

폭염을 뚫고 어제는
지하철로 스물일곱 정거장을 건너갔다
안양 중앙시장에 가서
연탄불 곱창구이를 먹었다
허름한 감각 박물관
왕소금 숭숭 뿌려주었다
꼬물꼬물 씹는 맛을 받았다
한 됫박 땀을 흘렸다
삼십 여 분 곱창을 먹기 위해
다섯 시간을 낭비했다
다른 이유는 없다
잠시 산다는 것의 의미를
유두 모양의 *미뢰味蕾 세포에게 맡겨버렸을 뿐이다
혼자서 그 짓을 했다
되새김질 하듯
오래 씹는 노릇노릇한 소화기관

*미뢰: 미각의 감각 기관. 맛봉오리라고도 한다.

호리병에 갇힌 가릉빈가 외 1편

눈빛 하나로 부풀어 오른
구름 한 덩이를 지대방에 눕히자
지난 생 주검 위로 쏟아지던 마사토처럼
어둠의 입자가 쏟아졌다

빛이 증발될수록 엄습하는 졸음
가물가물 멀어지는 풀벌레 울음
처마를 스치는 불안은 지하수맥을 채운다

누가 이 어둠을 걷어줄까
층층나무 위급을 알리는 꽃을 피우지만
꽃그늘 속으로 몸을 감춘 길은 끝내 다시 돌아오지 않는다

접동새 가물거리는 의식을 수습한다
내일 아침 햇살이 어둠을 씻어버리면
바람의 머리채를 잡은
매발톱은 어떤 표정으로 눈을 뜰까

다급하게 SOS를 치는 동안
풀벌레 질긴 울음은 캄캄한 어둠에 못을 박는다

전건호

충북 영동 출생. 2006 「시와 정신」 등단. 시집 「변압기」

내가 남긴 발자국은 음표가 되어
바람이 지날 때마다
화르르 꽃숭어리 피어오른다

꽃의 속곳을 넘나들던 바람이
호리병 가득 하얀 어둠을 채우는 벽화 속
꽃그늘에는 누가 엎드려 코를 골까

기러기족의 새벽

월요일 첫새벽 현관문을 밀친다
칙칙폭폭
압력밥솥 딸그락 거리는 소리들이
아파트 단지를 끌고 미명을 달린다

오백 개의 객실등이 하나 둘 켜지고
충혈 된 가로등 눈을 부빈다
공항의 이별처럼 흔들어주는 손을 뒤로하고
무중력으로 떠나는 인공위성이 된다

탑승과 하차가 거듭되는 정거장처럼
인가의 불빛들은 반짝

가속도를 높이는 창밖
미명의 서울은 대기권을 떠도는 철새들의 기항지
휴일 동안 여독을 푼 새들은
월요일 새벽이면 어김없이 무중력을 향해 이륙을 한다

항로를 따라 듬성듬성 군락을 이루는 인가의 불빛들
안개 속에서 최면을 건다
휴게소 불빛은 주름 잡힌 새벽커튼을 여는데

하나 둘 끊기는 라디오 채널

겨울과 봄의 틈새를 견뎌 낸
앙상한 가로수마다
날선 바람이 푸른 심지를 올려
좌표를 연다

가만히 전깃불을 끈다 외 1편

한 무리의 햇살 부리가 거실 안 내리쳐진 어둠의 장막을 연신 쪼아댄다. 내 몸 속 세포에도 햇살의 혀끝이 닿는다. 내 몸의 모든 세포들이 급작스레 부풀어 오른다. 새털처럼 가벼워 진 세포들. 그 순간이었다. 내 몸이 공중으로 부상하기 시작했다. 뜬금없이 보이나 사실이다. 나도 나의 몸 상태에 일어난 일을 의심했다. 깊은 산속 산막에서 우연히 만난 밤하늘 가르던 혜성이 곧장 내 가슴으로 달려들 때 들던 그 느낌, 별이란 별이 다 내 눈망울 속으로 곧장 달려들 때 들던 그 느낌, 내 가슴의 모든 티끌이란 티끌은 다 사라질 때 들던 그 느낌, 꽃들이 다투어 피어 있는 화원에 들어서는 순간 모든 꽃내음이 내 후각을 마비시킬 때 들던 그 느낌. 내 생애 예정된 항로를 이탈한 비행의 궤적. 기분 나쁜 일은 아니었다. 역으로 아주 기분 좋은 일이었다. 잘 익은 복숭아를 한 입 깨물었을 때 입안에서 일어나던 첫 반응과 같다고 할까, 게다가 파인애플도 살짝 얹은 듯한. 이제 봄이 내 몸을 적시기 시작한 것일까. 아침 햇살의 혀끝이 폐부 켜켜이 타액을 묻힌다. 가만히 전깃불을 끈다.

정연탁

경북 춘양 출생. 『시와 경계』 기획위원, 거창작가회의 회원, 거창문학회 회원

어린 왕자에게 던지는 질문

그러니까 소혹성 B612에서는 지금 바람이 이리저리 몰려다닌다 이거지? 앙상한 뼈만 남은 보아뱀 한 마리 - 보아뱀 뱃속에는 코끼리라든가 독수리라든가 고래라든가 하는 그 무엇도 사실 없었다 - 잔돌을 밀며 화석이 된 나무 틈새를 비집고 다니며, 때로 벌어진 보도블록 사이를 뼈마디 마다 삐꺽삐꺽 소리를 내며 혀를 날름거리며 다닌다 이거지? 빛과 어둠이 혼란스레 얽혀있는, 때로 늘 어둠이거나 아예 늘 빛살 몇 가닥만이 공간을 헤집고 다니는, '소혹성 B612로 나는 떠나간다' 짧은 글 하나 남기고 어느 날인가 단 한 번도 뒤를 돌아보지 않고 서둘러 떠났던 그녀는 이제, 지구에서처럼 산소를 깊숙이 들이마시며 먼 허공을 주시하곤 한다 이거지? 설핏 지구를 돌아보며, 현란한 빛을, 요란한 광란을, 끝없는 어둠의 뒷골목을, 검은 도로를, 질주하던 자동차들을, 그 뒤꽁무니에서 훅 품어내던 검은 매연 냄새를, 떠 올리곤 한다 이거지? 빛이란 빛이 모두 차폐되었던 기억의 층을 헤매며, 폐포를 한껏 부풀리며, 한때 지구 어느 조금 빈 공간을 채우고 있던 또 다른 그를 떠올리기도 한다 이거지? 아니 이 모든 것이 지구에서 바라본 자들의 희망사항이다 이거지?, 소혹성 B612에서는 기억이라는 장치는 전설 속에서나 존재하는, 그러나 애초에 단 한 번도 가동되어 본 적이 없는 물건이다 이거지?

나팔꽃 사랑 외 1편

아이가 학교에서 분양받아온 나팔꽃씨 세 개, 화분 하나 흙을 담아 심어두었습니다 학교에서 돌아오면 쳐다보고 눈뜨면 물 주던 아이 새싹이 손 내미는 것만 기다리고 있었습니다 어미인 저로서도 마찬가지였습니다 아이가 좋아서 개구리마냥 폴짝폴짝 뛰는 것을 상상만하여도 좋았던 게지요 참말로 며칠이 지난 아침 싹이 고개를 내밀고 바람을 일렁이기까지 하였습니다

두 개는 어디로 갔을까요? 아이가 자꾸 물었습니다 아직 흙속에서 손발을 오므리고 있는 것은 아닐는지요 설명하지 못했습니다

넓은 잎들은 막대기둥 잡고 창틀로 올라가기만 합니다 저러다가 하늘까지 올라가는 것은 아닌지 아이가 걱정을 합니다 왜 나팔꽃은 피지 않느냐고 다그쳐 묻습니다 한 달이 넘도록 잎들만 무성하게 벽을 타고 다닙니다 아이에게 칠월이 오기 전 보랏빛 나팔 같은 나팔꽃을 볼 수 있을 것이라고 했습니다

아아, 저 아이도 언젠가는 나팔꽃같이 활짝 열리는 날이 오겠지요 그 때까지 막대기둥이 되어주는 것, 어미가 할 일이 아닐는지요 창틀 넘어 걸어가는 나팔꽃줄기 사이로 햇살이 그네 타는 것을 오늘도 지켜봅니다

정이랑

1969년 경북 의성 출생. 1997년 『문학사상』 등단. 1998년 「대산문화재단 문학인 창작지원금」 수혜시인으로 선정. 시집 『떡갈나무 잎들이 길을 흔들고』, 『버스정류소 앉아 기다리고 있는,』 있음.

덕아웃*

타순이 없는 날 종일 덕아웃을 지킨다
그라운드, 치고 달리는 동료들에게 박수를 보낸다
안타를 치기 위해 때를 기다리는 타자
그라운드로 나갈 수 있다면
상위타선이 아니어도 좋다
그저 치고 달리는 일, 그의 일
나는 과연 어디로 가기 위해
지구라는 둥근 덕아웃을 서성이고 있는가
무엇을 위해 치고 달려야 하는 것인가
중심이 없는 날, 그와 나란히 앉아
또 다른 그라운드를 관찰해 보기로 한다

* 일루 쪽과 삼루 쪽에 있는 야구장의 선수 대기석

적(赤, 迹, 敵, 吊) 외 1편

오래 바람에 머물러 본 당신, 붉은 꽃잎마다 떨어지지 않는 기록들이군요 5월 흘림체로 바람을 앓는 중이군요 물결에 닿은 당신 이야기가 사방으로 번지는군요 옛 읍성에서 누군가를 품은 뿌리였다가 옛 신화에서 Paeon 당신이었다가 플라스틱 화분 속 짝사랑이었다가 오늘 깨뜨리지 못한 속내이기도 한 당신, 길은 고요하고 봉분 아래 꽃그늘이 더욱 환하군요

투덜투덜 여인숙을 전전하는 빗소리에 우두둑 당신이 떨어집니다 작약의 발목이 하얗게 봉분을 넘고 있군요 뿌리내린 또 한 계절을 유물론으로 채우는 당신, 울음으로 피었다가 망국으로 지는 꽃들의 전설을 지금 기록 중이군요 5월 신부의 부케였다가 생리통의 뿌리였다가 혼돈의 난장이었다가 지는 붉은 꽃들의 저 무수한 잔치 정작 쓰지 못한 문장들이 주저앉는 중이군요 당신이기 전에 당신, 을 떠난 최후의 不立文字

정훈교

2010년 계간『사람의 문학』 등단. 대구작가회의 사무차장. poetry2000@daum.net

당신은 왜 늘 밤하늘 속, 무지개인가요

아프리카 짐바브웨와 잠비아 국경에 위치한 빅토리아 폭포, 당신을 처음 만난 오션파크의 밤은 낮보다 황홀하군요 무언연극 별 헤는 밤 2012.03.22 BUBBLE BOMB - Snow Foam 란콰이퐁의 섹시한 미녀들, visit-Lasvegas!! 오늘 밤 사상 최고액 잭팟 당첨자는 [Get it beauty] 겟잇뷰티, 블라인드테스트 당신은 어디에 있나요? 너무나도 사랑하는 밤의 너비 The Width of the Night展 참여 작가 : 강민수, 박형근, 이만나, 정지현 하늘이 어찌나 청명한지 눈이 부실 정도네요 지젤(Giselle) 여기 밤이 오네. 홍등가엔 불이 켜지기 시작했어. 꽃들이 제각기 가지 위에서 바르르 떨면서 술을 마시고 있어 난 어디로 가야 하오 꿈을 피워내는……보들레르(C. Baudelaire)는 발레 〈지젤(Giselle)〉 2막을 보고 나서 위의 시, 〈밤의 해조諧調〉를 썼다. 가 지웠다 얼스마마 엔젤베이비 제가 너무나 써보고 싶었던 여자, 의 원피스 L 씨, 송년의 밤 망쳐놓은 미시시피, 강에 빠져보세요. 네온사인은 축축하고 습기는 혼란스러워요 지우고 싶은 아이인 걸요

어둠이 찾아온 영산호 [별들의] 고향] 아름다워 미칠 지경이에요 이제 넣어도 될까요, 당신의 주석! 1) '밤'을 검色 당신이 뿌려 놓은 그대로예요 당신이 부는 대로 그렇게 태어날게요. 이제 곧 수정될 거예요 2탄을 기대해주세요!

굿모닝 헬스 외 1편

오늘도 만원이다
층층이 안개가 피어올라 발 디딜 틈이 없다
벽시계가 정각을 가리킬 때마다
안개는 경계도 없이 피어오르고
안개 바이러스는 순식간에 구석구석 번져간다
누구도 안개의 정체를 알 수 없다
곳곳에서 들려오는 안개들의 하모니
더 이상 아무도 그리워하지 않는다
뿌옇게 흘러내리는 뒷모습만 보일 뿐
누구도 서로의 뒷모습을 돌아보지 않는다
울음만이 뿌옇게 차 있을 뿐이다
울음을 꾹꾹 눌러 포장하고 있는 안개의 손놀림만 드러날 뿐이다
굿모닝 헬스에서 서로의 얼굴을 본 사람은 아무도 없다
윤곽이 드러나면 곧 바로 포장되어 어디론가 배달된다
물론 배달되는 얼굴을 본 사람도 지금껏 없다
안개가 사라진 투명한 날을 기다리며
굿모닝 헬스는 오늘도 만원이다
언제 울었는지도 모르는 울음으로 늘 만원이다
뿌옇게 피어오르는 안개 울음
누구도 그리워하지 않고
누구도 웃지 않는다

하재청

경남 창녕 출생. 2004년 『시와사상』으로 등단.

파프리카 바이러스

그 섬에 가고 싶어

집집마다 파프리카를 키운다
그가 할 수 있는 일이란 자신의 속을 비우는 일
그는 최첨단 유리 온실 속에서 산다
좀처럼 밖을 나오는 법이 없다
그의 자폐증으로 키운 파프리카는 어김없이 품질인증이지만
그의 하느님은 늘 하늘에만 계시고
모니터 안에서만 떠도는 푸른 하늘이
그의 손발을 묶어 버렸다
그의 자폐를 먹고 자란 파프리카
오늘 또 누군가 그의 품질인증을 받아
우리들 곁을 떠나갔다
이제 그의 자폐아를 먹고 자란 파프리카가
거리를 활보하게 될 것이다

이제 그가 만든 그 거리가 그의 집이 될 것이다.

대기 불안정과 그 밖의 슬픈 기상 현상들* 외 1편

대형마트 주차장에
질척거리는 먹구름들이 줄줄이 주차를 하고 있다
백미러에 비친
구름의 뒤통수가 쏟아질 듯 위태위태하다
날개가 돋기 시작한 것들은
어두운 주차장으로 다시 돌아오지 않을 것이다
누군가는
무거운 비를 뚫고
맑고 투명한 성층권 바깥을 날아오르고
악다구니 같은 바람은
붐비는 구름 사이를 헤집고 돌아다녔다
진도 7의 직하형 지진이 몰려온다는 풍문을 장바구니에 꾸역꾸역 구겨 넣고
구름은 마지막으로
제습제와 자꾸 흐려지는 뒤통수를 닦을 세정제를
넘치도록 담았다

한보경

2009년 『불교문예』 등단. jandi20@dreamwiz.com

닦을 수 있는 시간은
돋아나지 못한 날개를 꿈꾸는 시간

내일은
도쿄, 맑음**

장바구니 속
아크릴 행주가 푸르스름하게 눈을 뜬다

* 리브라 갈첸의 실험적 소설의 제목
** 일본 영화의 제목

목디스크

4번과 5번이
가까운 사이로 발전했다

아무도 눈치 채지 못하고 있을 때
서로의 거리를 뭉개고
조용히 경계를 지우고 있었다

유별난 친화는
사소한 불화를 몰고 오는 것

1번이 2번과
2번은 3번과
슬슬 거리를 재며 어긋난 눈치를 보기 시작했다

4번과 5번이
떼려야 뗄 수 없게 들어붙는 동안
줄줄이
견고했던 거리마다
소리 없는 균열이 일었다

서로 눈 흘기는
거리와 거리 사이,
불미스런 소문들이 삐걱거리며 차올랐다

푸른 강 외 1편

바라나시 갠지스 강
계단에 걸터앉은 상주가 장작더미의 불꽃을 바라보며 짜이를 마신다
죽은 자는 불에 타고 있고
강 옆에서는 물놀이를 하는 사람, 목욕을 하는 사람, 보트를 타고 재를 뿌리는 사람
화장터에는 하루 종일 장작불이 꺼지지 않는다
갠지스 강에 뿌려진 수없이 많은 푸른 뼛가루
어디에 있는 걸까
장작더미의 불길 속으로 사라진 수많은 영혼들은

연기 사이로 떠오르는 나의 아버지
먼저 가신 나의 아버지는 이승에서 다시 만날 수 있을까
슬플 때 슬퍼하지 않는 저 사람들이 행복한 것인가
아버지가 떠나신 날 눈이 붓도록 눈물이 쏟아졌다
슬플 때 울 수 있는 것이 행복하다
한참을 그리워하며 다시 만나기를 약속한다
아버지는 현실로 내 앞에 나타나지 않으셨고
죽음은 이 세상으로 돌아오는 길을 막는 문이다
다시는 함께하는 기회가 주어지지 않는 냉혹함이다

먼 훗날,
나는 우주 끝에 작은 집을 짓고 돌아오지 않을 것이다

한해미

대전 출생. 2010년 『시와사상』 등단. 『시와사상』 운영위원. gksaltnr10@hanmail.net

토성 낙타

절름발이 낙타가 달리고 그 뒤로 구름이 달리고
사막에는 오랫동안 멈춰진 시계가
숨 가쁘게 시간을 맞추고 있지
낙타는 긴 목으로 굴렁쇠를 돌리며
미래를 향해 달리는 거야
히말라야 산이 둘러싸인 소금호수
위로 황금빛 갈매기는 원시적 발성을 한다
소금호수 주변에는
당나귀, 야크, 말, 양떼가 조용한 노래를 부르지
흥겨운 낙타는 히말라야 산을 뛰어 올랐어
그 발자국은
연꽃 화석이 되어 빛나고
인도 외진 곳 토성에는
귀를 쫑긋 세우고
사막을 지나 소금호수를 지나 설산을 달리는
절름발이 낙타가 있어
작은 점으로 사라지는
염화시중의 미소가 있어

김수우 | 앉은뱅이저울
문정영 | 수곽
박노정 | 시詩
서안나 | 애월涯月 혹은
우대식 | 생각의 정거장에서 보내는 엽서
윤의섭 | 결로 무렵
이경림 | 考古學的 아침
이수명 | 왼쪽 비는 내리고 오른쪽 비는 내리지 않는다
정진경 | 즐거운 하루의 고해성사
조풍호 | 뒤척이는 이유
최영철 | 사랑이라는 말을
황학주 | 某月某日의 별자리

이달의 시인 시선

앉은뱅이저울

무심코 지나던 고물상에서
무심한 앉은뱅이저울을 샀다

헌 장갑 한 짝 얹어본다 굴러다니던 놋재떨이를 얹어보고 서랍 속 목도장을 얹어본다 국어사전, 관리비청구서, 막 배달된 시집을 얹어본다 내친 김에 새로 시작한 헐거운 연애도 올려본다

눈금이 흘러간다 선사시대 벽화 속까지 달린다
문자보다 무게를 먼저 익힌 고대인의 추가 서쪽으로 기울어진다
생각난 듯 돌연 0,으로 튕기는 바늘
최초의 바다가 저울대에서 엎어진다

생선집에서 쓰던 것인지 말라붙은 비늘 두엇, 상형문자 뚜렷한데 생의 중력에 녹슨 바늘 빙그르르 돈다 뜨거운 젓이 돈다 순간 0, 빗방울로 돌아가는 단호한 푸득거림이

비리다, 내려놓는다
심심해서 深深한 낮꿈 한 짐

김수우

1959년 부산 출생. 경희대학교 대학원 국어국문과 졸업. 1995년 『시와시학』 등단.
시집 『길의 길』 외 다수. 사진에세이집 『하늘이 보이는 쪽창』 외 다수.
산문집 『씨앗을 지키는 새』, 『백년어』. 2005년 부산작가상 수상.

수곽

나는 한때 물처럼 맑다고 생각했다.
물로 집 한 채 지었거나,
물의 집이라는 생각도 가져보았다.
그런 나를 비추자 물빛이 흐려졌다.
내가 지은 집은 지는 해로 지은 것이었다.
고인 물을 막은 것에 불과했다.
내가 흐르는 물자리였으면
새 몇 마리 새 자리를 놓았을 것이다.
갑자기 눈물이 솟구치는 것을 보면
눈물로 지은 집 한 채가 생각났고,
눈물도 거짓으로 흘릴 때가 많다고 생각했다.
내가 지은 집이 모래집보다 못하다는 것을 알았다.
내가 깊다는 생각은 지우기로 했다.
물은 엎드려 흐르는 것인데
내가 지은 집은 굽이 높았다.

문정영

전남 장흥 출생. 건국대학교 영어영문학과 졸업. 1997년 『월간문학』 신인상 등단.
시집 『더 이상 숨을 곳이 없다』, 『낯선 금요일』, 『잉크』
현재 계간 『시산맥』 발행인

시詩

이 땅에

말씀 오시기 전과

말씀 가신 후의

빈자리

그 텅 빈 침묵

한 소절

받아 모시기

박노정

경남 진주 출생. 1980년 『호서문학』으로 작품 활동 시작. 시집 『눈물공양』으로 제22회 경남문학상, 제15회 호서문학상 수상. 진주신문 가을 문예 운영위원장, 경남문학관장.
시집 『눈물 공양』 외 다수. nojung21@yahoo.co.kr

애월涯月 혹은

애월에선 취한 밤도 문장이다 팽나무 아래서 당신과 백년 동안 술잔을 기울이고 싶었다 서쪽을 보는 당신의 먼 눈 울음이라는 것 느리게 걸어보는 것 나는 썩은 귀 당신의 목소리가 들리지 않는다 애월에서 사랑은 비루해진다

애월이라 처음 소리 내어 부른 사람, 물가에 달을 끌어와 젖은 달빛 건져 올리고 소매가 젖었을 것이다 그가 빛나는 이마를 대던 계절은 높고 환했으리라 달빛과 달빛이 겹쳐지는 어금니같이 아려오는 검은 문장, 애월

나는 물가에 앉아 짐승처럼 달의 문장을 빠져나가는 중이다

서안나

1990년 『문학과 비평』 등단. 시집 『푸른 수첩을 찢다』 『플롯 속의 그녀들』.
anna2121@naver.com

생각의 정거장에서 보내는 엽서

마지막 꽃잎이 지는
오월 저녁
블랙 사바스의 체인지
바꾸고 싶다
이 끝과 저 끝
사람과 짐승
뒤바꾸어 놓고 술 한 잔
여보세요
여기가 저쪽인가요 이쪽인가요
지구는 여전히 아름답지요?
이방의 별에서 도착한 엽서
신은 죽었다
이 사람을 보라
생각의 정거장에서
오랫동안 버스를 기다립니다
낮술은 왼쪽 뇌를 물어뜯어
두 눈을 충혈 시키고
붉다,
붉은 금이 가고 있습니다

우대식

1999년 『현대시학』 등단. 시집 『늙은 의자에 앉아 바다를 보다』 『단검』.
산문집 『죽은 시인들의 사회』 wds1592@yahoo.co.kr

결로 무렵

바람은
바람이기 전에 달빛이었느니

만질 수 없는 것들이 오래 묵으면 저렇게 간절한 이무기 되어
풀잎의 신을 신고 숲의 옷을 입고 유랑한다

참으로 긴 나날을 은밀히 이어온 이주
무수한 바람이 생멸하였으나 뼈 속에서도 모체의 흔적은 발견되지 않았고
달 쪽으로는 고개조차 돌려본 적 없다

달빛 머금은 이슬이란 그러므로 바람의 마지막 모습이다
먼 행성으로부터의 연착륙 이른 아침의
물컹한 결집 군집 운집 응집 그리움이란 소리 소문 없이 다가서서 가슴에 뭉치는 것
풀잎 끝에 피어난 이슬의 위치가 달빛이 도달할 수 있는 궁극의 벼랑이라는
생각은 내가 궁극의 그리움으로 벼랑 끝을 향해 치달리고 있다는 생각과 무엇이 다를까

윤의섭

1968년 경기도 시흥 출생. 아주대 국어국문학과를 졸업. 同 대학원에서 박사학위 취득. 1992년 〈경인일보〉 신춘문예 1994년 『문학과 사회』 등단. 시집 『마계』 외 다수. 현재 '21세기 전망' 동인으로 활동 中 애지문학상 시부문수상. 대전대학교 문예창작과 교수.

달빛과 바람과 이슬의 잠행처럼 얼마나 내밀해야 하는 걸까

월력을 마감한 늙은 달의 내음 가끔 비치던 금성의 내음 아침노을의 내음 스산한 구름 내음 어느 이국의 거리를 떠돌던 낙엽 내음 출근길 행인의 머리칼 내음 따스한 눈빛의 내음 상냥한 인사의 내음 침묵의 내음 무심히 사라지는 내음 어딘가에 숨어있다 홀연히 나타나는 내음 전날 전전날 그전전날 맡아보았던 내음 결로 무렵엔 문득 떠오르지 않는가. 달이 생겨나던 날의 비릿한 내음까지

이슬은
이슬이기 전에 숨이었느니
잊혔었거나 한 번쯤 죽었다 살아나 간신히 피맺힌

考古學的 아침

A가, 내가 마른 조기의 비늘을 긁어내고 있을 때 아침이 왔어 하고 말했다

H는 닭고기를 막 끓는 물에 넣으려는데 아침이 왔어 하고 말했다

G는 엄청나게 큰 냄비를 간신히 들어 가스레인지 위에 올려놓고 나니 비로소 아침이 왔어
하고 말했다

S는 아아 믿을 수 없을 만큼 격렬했던 그 섹스가 있기 전에 먼저 아침이 와 있었어
하고 말했다

M은 수평선이 그렇게 상투적으로 그어진 후에야 아침이 왔어
하고 말했다

K는 다가올 석기시대의 끝 쯤, 한 동굴에서 미친 돌의 아이가 태어난 직후에

이경림

1947년 경북 문경 출생. 1989년 계간 『문학과 비평』으로 등단.
시집 『내 몸속에 푸른 호랑이가 있다』 외 다수. 2011년 지리산 문학상 수상.

아침이 왔어 하고 말했다

E는 내일이라고 부르는 오늘 식탁에 세 번째 숟가락을 놓기 전에 아침이 왔어
하고 말했다 어쨌든!

아침이 왔다 창은 노래하고 침대는 하품한다

A는 아침이 익는 동안 소파의 방향을 바꾸어 놓고
B는 설익은 아침을 우적거리며 티비를보고
H는 아침의 어깨 너머로 보이는 붉은 벽돌 담장을 재빨리 집어 삼키고
K는 끓는 닭다리를 끓는 닭다리가 되게 둔 채 신문을 보고
E는 신문 속에서 끓는 닭다리 사이로 자욱한 아침을 본다

그 때 F가 아침을 아침이라고 믿는 자는 얼간이
라고 말했다

G는 뭐든 믿을 수 있는 건 얼간이가 아니야
라고 말했다

뭐든 믿을 수 없는 것도 얼간이가 아니야
라고 말했다

아침이 아침을 넘어 노랗게 밀어 닥치는 속에서 아침을 짓는 일은 쓸쓸하여라
A가 노래했다

아침을 먹고 아침을 입고 아침을 신고 아침 속으로 걸어가는 아침의 등은 쓸쓸하여라
B가 노래했다

번개같이 달아나는 아침의 뒤꿈치를 보며 걸레를 빠는 일은 쓸쓸하여라
H가 노래 할 때, 유리 밖으로 신석기의 구석기 청동기 쥐라기.......의
아침들이 한꺼번에 지나가고 있었다

AHDESMK.......들의 단 한 컬레의 군화소리로 자자한 아침이
기다랗게

왼쪽 비는 내리고 오른쪽 비는 내리지 않는다

내가 너의 손을 잡고 걸어갈 때
왼쪽 비는 내리고 오른쪽 비는 내리지 않는다.

우리에게는 언제나 너무 많은 손들이 있고
나는 문득 나의 손이 둘로 나뉘는 순간을 기억한다.

내려오는 투명 가위의 순간을

깨어나는 발자국들
발자국 속에 무엇이 있는가
무엇이 발자국에 맞서고 있는가

우리에게는 언제나 너무 많은 비들이 있고
왼쪽 비는 내리고 오른쪽 비는 내리지 않는다.

내가 너의 손을 잡고 걸어갈 때
육체가 우리에게서 떠나간다.
육체가 우리를 쳐다보고 있다.

이수명

1965년 서울 출생. 서울대학 국문과 졸업. 1994년 『작가세계』 등단.
2001년 박인환 문학상 수상. 12회 현대시 작품상 수상.
시집 『언제나 너무 많은 비들』 외. 시론 『횡단』

우리에게서 떨어져 나가 돌아다니는 단추들
단추의 숱한 구멍들

속으로

왼쪽 비는 내리고 오른쪽 비는 내리지 않는다.

즐거운 하루의 고해성사

사이보그 목소리 너희를 4인칭이라 부르고 싶다
인간을 앞서가는 휴머니스트
테크놀로지가 만든 환상지는 언제나 친절하다

취사완료 음성이 들리면 전기밥솥을 향해 달려가는 여자, 저녁 6시의 앞치마에는 꽃이 핀다 내비게이션의 여성에게 속도를 통제당하는 남자, 저녁 6시의 자동차에는 붉은 노을이 핀다 요리 상태를 시시각각 알려주는 음성들, 여자는 미각의 농도가 조절되는 시간을 기다리며 모델 ML-1615 모회사의 프린트기를 켠다 인쇄가 다 된 후에 들리는 낭만적인 남성의 음성, 얼굴 없는 엘리베이터 걸이 남자에게 17층이 되었음을 알려준다

랄랄라 즐거운 하루
여자는 남자가 없어도 남성을 만나고, 남자는 여자가 없어도 여성을 만난다

정진경

1962년 부산 출생. 2000년 〈부산일보〉 신춘문예 시 등단.
시집 『알타미라 벽화』 『잔혹한 연애사』

ARS 전화를 걸면 인간보다 상냥한 사이보그 목소리
호모사피엔스, 생각하는 존재인 우리들은
사유 칩이 내장되지 않은 상담원에게 고해성사를 한다

생명이 보이지 않는 숲에서 생명이 꿈틀거린다고,

뒤척이는 이유

수다가 슬퍼지는 동안, 물이 졸아들어 찌개를 다 태운 경험이 있는 사람은 알 것이다. 가짜 신음을 뱉어내는 애로 배우의 체위를 내가 왜 뒤집어 주고 싶은지. 살아갈 날이 갈아 논 밭뙈기처럼만 붉었으면 좋겠다만, 하루가 아주 없었던 것처럼 햇살이 철썩 산 그림자를 뒤집어 버린 날엔 도무지 꽃들도 없었던 것 같아, 옛날의 여자가 냄새로만 떠오른다. 기다림도 제삿날 부침개처럼 노릇노릇할 정도로, 십 년에 한 번씩은, 번쩍 안아서 뒤집어 주었어야 한다.

조풍호

충북 괴산 출생. 1997년 『문학사상』 등단.
시집 『사랑을 자꾸 생화라 부르고 싶어진다』

사랑이라는 말을

나는 차라리 수없이 찬탄하고 입맞춘 저 햇살에 쓰지 않고
한나절 쉬지 않고 핥고 가버려 자죽나고 헌 축축한 담벼락에 쓰리라
담벼락 밑의 이제 막 넘쳐나 길바닥에 방사할 것 같은
쓰레기통에 쓰리라 쓰레기통 옆 사지가 빼드러져 자고 있는
강아지에게 쓰리라 그대들이 별 볼일 없다고 믿는
별 볼일 없이 차여 흐느끼고 있는 움츠린 어깨에 쓰리라
지금 막 길바닥에 버려져 거미처럼 기고 있는 잘린 두 다리에 쓰리라
주근깨가 많다고 앙살맞다고 숫처녀가 아니라고 차인 여자들
생리대 농혈 위에 쓰리라 아무도 거들떠보지 않는
수채 구멍 10원짜리 동전 독에, 폐기처분한 음담패설에 쓰리라
그리하여 오늘은 죽은 쥐에 대해 말하고자 한다
조금 전 독약을 물고 하수구를 맹렬하게 관통해 와

최영철

1986년 〈한국일보〉 신춘문예 시 당선. 백석문학상, 최계락문학상, 이형기문학상 수상.
시집 『찔러본다』 외 다수. 산문집 『동백꽃, 붉고 시린 눈물』 외.
현재 도요출판사 주간. 블로그 http://blog.daum.net/jms5244

지금 막 만천하에 모습을 드러낸 쥐새끼의 죽음에 쓰고자 한다
지상에 올라서야 안심하고 눈 감은 쪼그라든 주검
그러나 살아생전 날렵했을 한 이웃에 대해 쓰고자 한다
발로 툭툭 건드려 보다가 부지깽이로 쑤시다가
꼬들꼬들 번데기처럼 졸아지면 시궁창으로 다시 쳐 박힐
쥐새끼에 쓰고자 한다 쯧쯧 아무도 혀를 차지는 않겠지만
너에게도 분명 좋은 시절이 있었나니 갉고 탐색하고
훔치고 염탐하며 쉴 새 없이 세상을 조롱한 즐거운 한때가
골조를 허물어뜨릴 원대한 희망도 있었나니
그리하여 오늘은 납득할 수 없는 죽음을 수락한 쥐에게 쓰고자 한다
지금도 건드리면 하얗게 검지를 적실 것 같은 독기에
발광하기도 치를 떨기도 하며 미친 듯이 지나왔을 장열한 은둔의 생애에
단 한 번 치솟아 만천하에 떳떳이 보이려고 펴져간
극약에 쓰고자 한다
마침내 체념하고 떨군 송곳니에
아직도 날카롭게 반짝이고 있는 그 송곳니에

某月某日의 별자리

알전구가 나간
찬 방 안에
파도소리 아물 때까지 별이 빛났다

한때 손이 닿던 기억들은
별자리 속에
나뭇결만 남은 것처럼
높이, 어두운 채로
반질거린다

내가 굴복하기 전에
이미 내 마음을 읽은 사랑들
사랑했다 하여도
떨어져서 빛나야 했을 당신들
한 사람이 한 사람을 위해
일생 속으로 울었을 어머니의 도시들
똑같이 나눌 수 없었던 밥의 슬픔들까지

오늘 저 별자리의 독거,
눈물 많이 지나가
물때자국 선명한
이 모든 某月某日

황학주

1954년 전남 광주 출생. 1987년 시집 『사람』 등단. 시집 『내가 드디어 하나님보다』 『某月某日의 별자리』 등. 현재 탄자니아 레세카타타에 마사이부족을 위한 피스프렌드빌을 건립하고 한국과 탄자니아를 왕래하며 지내고 있음. hakjooh@daum.net

김　룡 | Happy Birthday

김　산 | 캘리포니아에서는 상상도 할 수 없는 일

김승일 | 우리는 악수를 한다

박성준 | 배우俳優 4 ; 경외심

박성현 | 식물의 서쪽

신철규 | 늑대의 진화

안웅선 | 폭설과 체리

최라라 | 누가 내 귀고리를 장물이라고 한다

젊은 시인 시선

Happy Birthday

잠 속에 손을 집어넣었더니
머리끄덩이가 잡혔다

고백컨대 나는, 내 죽음이
축하인사 한마디 없이 스르륵
사라질까 두려운 것인데

랄랄라, 케이크 대신 콘돔을 사온 그녀
발그레 달아오른 얼굴의 반을 잘라
비석을 세웠다

머리끄덩이에 불을 붙였다

남의 꽃밭에 버렸던 그림자를
다시 찾았다

김륭

경남 진주 출생. 2007년 〈문화일보〉 신춘문예 시 당선. 2007년 〈강원일보〉 신춘문예 동시 당선. 2005년 제1회 월하지역문학상. 2012년 제1회 박재삼 사천문학상. 동시집 『프라이팬을 타고 가는 도둑고양이』가 있음.

캘리포니아에서는 상상도 할 수 없는 일

당신의 언어는 바나나처럼 휘어져 있고
당신의 복장은 파인애플처럼 딱딱하고
당신의 머리통은 건포도처럼 메말랐고
당신의 혀는 살구처럼 시다
당신은 오렌지를 오렌지라 부르지 못하고
어렌지 오렝지 오렌치라고 반복할 뿐이다
당신의 발음은 부정확해서 내 귀를 두근거리게 하지
당신에게 사랑한다고 말했는데
당신은 "새랑 했냐?"고 되물었다
새랑 뭘 했을까 여러 날을 고민했다
구관조 따오기 펠리컨 흰꼬리수리 따위를 생각했다
동물원에서 본 새들만 기억 속에 남았다
당신은 진지하고 장난스럽게 말씀하셨다
결국 사랑은 기억 속에 남은 흉터 아니겠냐고
바나나언어를 입속에 감추고
거추장스러운 파인애플 옷을 입고
건포도머리통을 흔들며
살구 혀를 가진 당신과 장을 보러 간다
배추는 비추 소라는 소리 소금은 손금 두부는 둔부
엉뚱한 것들을 장바구니에 담고 집에 왔다
먹을 수 없는 기호들로 방이 폭발할 것 같다

김산

1976년 충남 논산 출생. 2006년 웹진 『문장』 연간 최우수 작품상.
2007년 제9회 『시인세계』 신인상. 시집 『키키』.

부글부글 끓어오르면서 당신은 당신의 세계로 증발했다
배추소라소금두부국 냄새가 온 세계에 가득하다

우리는 악수를 한다

이를 닦으며 생각한다
왜 애인이 나를 때리는 것일까
손날로 내 뒷목을 휙휙 내려찍는 것에 대해 싱글 싱글 웃으며 애인은 말한다
이건 실제로는 전혀 아프지 않은 프로레슬링
거울 속에 파랗게 부푼 내 귀를 머리카락으로 가리면서
그렇다 이것은 계산된 놀이

방 안에 이불을 펼치며 애인은 왜 시끄러운 것을
좋아하는 것일까 내가 편지를 쓰면 애인은
하루 종일 씩씩거린다
말로 하지 않으면 안 되는 일에 대해
거짓과 고백
전선 위에 앉은 새들의 비명에 대해

형광등 스위치를 누르며 그래도 애인은 욕심 없는 사람
아무것도 궁금하지 않아도 멈추지는 않는 사람

약속을 잊어버린 옆집 아이가 손바닥을 쫙 펴고 울음을 터뜨린다 아이의 엄마가 더 큰 소리로 울기 시작하고
나는 포수처럼 과묵하다

김승일

경기도 과천 출생. 2009년 『현대문학』 등단. 시집 『에듀케이션』

우리는 매일 그렇게 해
형광등을 켤 때 하는 일을 끌 때도 하는 것처럼
영영 헤어질 때에도 똑같이
그는 거리에서 나는 집에서
온종일 함께 누워 낄낄거리며 이를 닦는다
거품을 문다
우리는 악수를 한다

배우俳優 4 ; 경외심

'코끼리가 코가 길다'
코끼리는 코 때문에 코끼리일까?
끼리끼리 살다가 끼리끼리 죽어서
코끼리일까?

내 문장에는 주어가 둘일까?
내가 둘일까?

'박성준이가 성준이가 길다' 이거나 '박성준이가 박가 길다' 라 하면
비문일까? 오문일까?

부럽다 저 코끼리
코피 나게 쪽쪽 빨아줘야지

다른 경우를 생각해도 좋다? 좋을까?

'나는 손금이 없다'
'나는 없다' '손금이 없다'

동일할까? 일동- 할까? 차렷!

박성준

1986년 서울 출생. 경희대학교 국문학과 학사. 2009년 『문학과사회』 등단.

이참에 '박손금'으로 이름을 바꿔 볼까? 보일까?

박손금은 손금이 없다
나는 네가 없다

나는 귀신이다

식물의 서쪽

식물이 창백한 표정을 짓는다.

저 식물의 잎에, 그 잎만큼의 넓이로 알몸을 비볐던 바람이 가만히 멈추어 그 표정의 안쪽을 살펴본다.

비어 있으므로, 서쪽은 그늘이다. 그늘의 호수다.

발자국이 뒤엉켜 반쯤 넋 나간 얼굴로 무딘 무릎을 세우고 있다. 사람이 걸어가고 호수가 뒤척인다.

사람의 뒤에서 문이 닫히는 소리가 난다. 햇빛 쏟아지는 창문으로 식물이 기울어진다.

그늘이 오그라들며 호두처럼 단단해진다.

식물의 고단한 오후가 드나들던 서쪽은 무자위가 멈추는 순간이다. 사람의 입술이 석류의 그것처럼 툭, 벌어진다.

박성현

1970년 서울 출생. 건국대 국어국문학과 졸업. 동대학원 국문과 박사과정 졸업(문학박사). 2009년 〈중앙일보〉 신인문학상을 통해 등단. 서울교대 출강

늑대의 진화

노란 보름달을 보고 있으면
손을 가지런히 모으게 된다
두 손을 땅에 대고 컹컹
짖고 싶다

삶은 계란 노른자를 먹을 때처럼
목이 뻑뻑하고
꼬리뼈가 조금 자라는 느낌이 든다

퇴근길, 덜컹거리는 만원버스 안
엉덩이를 맞대고 있던 그 여자
가릴 수도 없고 만질 수도 없던
서로의 꼬리뼈가 닿을 때마다
발톱이 신발을 뚫고 나올 것 같았다

경사진 언덕을 오를 때마다
손을 땅에 대고 걸으면 얼마나 좋을까
계속 바닥으로 쏠리는 얼굴을 들기 위해
엉덩이를 쭉 빼고

집에 와 손을 씻으며

신철규

1980년 경남 거창 출생. 고려대 국문과 및 박사과정
2011년 〈조선일보〉 신춘문예 시 당선

오늘도 손을 더럽히지 않았구나, 안도하며
얼굴을 점점 덮어오는 털을 쓰다듬는다

폭설과 체리

–하지만, 체리의 시기는 짧고
둘이 함께 꿈꾸며 귀걸이를 따러 가는 시절은*

방과 후의 학교 먹지 위에 그린 희망은 내게 어떤 참혹을 팠나 우리, 죽은 나무의 기원, 야곱의 사다리를 오르지

내가 아는 것들은 항상 파도가 부서지는 깊이 오늘은 빨강 물감이 부족해 사람의 눈을 다 그리지 못했다 하늘을 날고 싶은 사람들이란 붉고 시린 파편으로 찾아온다

이웃의 대문에 붉은 칠을 하는 것만으로 내 눈이 눈밭일 수 있나 잎들이 이리 무성한데도 계시가 변한다면 다음의 말은, 입 속에 하얀 박하사탕을 숨긴 여자

어떤 조미료를 넣어야 달콤이 사라질 수 있나 나는 좋은 구도를 갖고도 좋은 사람을 그려내지 못했구나 내게 친절한 이들에게도 나는 씨앗을 뱉어야 하는 사람 잘 마른 화지, 그리고 뒷면처럼

세계를 하얗게 준비해야 하는데 잎은 지지 않고,

* Le Temps des cerises – 1866년에 발표된 샹송.

안웅선

1984년 전남 순천 출생. 고려대 국문과를 졸업, 동 대학원 석사과정 수료.
2010년 『세계의 문학』 제4회 신인상으로 등단.

누가 내 귀고리를 장물이라고 한다

아직 기억하고 있어, 그와의 일박

면도한 다음 날의 턱과
그의 겨드랑이 속
젖은 새의 깃털

혼잣말인 듯 그가
신라 적 어느 왕이라고 했지만
아무 일도 일어날 수 없다는 걸 그도 알고 있었어

분을 바르듯 스치던 그의 손길,
오래 기다렸던 건 아침이 오지 않는 아침

사랑이 뭐 별거겠니,
명자나무 잎사귀만한
금쪽 귀고리 하나 달고 다니는 일일 뿐인 걸

고분 사이를 지날 때면 자꾸 귀를 만지게 돼
그가 정말 나에게 왔다 갔을까

최라라

2011년 『시인세계』 등단. ym6096@dreamwiz.com

강병길 | 변變
권기덕 | 투명물고기
권기만 | 우물
김명은 | 비명
김미선 | 모호한 수평
김사람 | 영원을 부르는 벨칸토 창법
김승기 | 해바라기
김예강 | 고양이의 잠
김지순 | 雪月
김지연 | 쌀밥꽃
김혜선 | 명작 스캔들
박소원 | 도곡면 대곡리 1구 93번지
박주하 | 미늘
박춘석 | 내 애인은 정원사다3
오 늘 | 추어탕과 상송
유승영 | 수요일 아이
원무현 | 사소한, 아주 사소한 발견
이경히 | 관계
이민아 | 가도 또, 눌차만에 오시거든
이선영 | 비가 앞질러 오다
이영옥 | 검은 버찌의 나날
이운진 | 이상한 취미
이창수 | 남산 위의 저 소나무
전다형 | 우체국 가는 길
정푸른 | 나무 여자
조경선 | 날의 각刻을 보다
조 원 | 슬픈 레미콘
조향옥 | 통풍
주강홍 | 회전톱날
천지경 | 숨은 그림 찾기
최서진 | 독감
천종숙 | 바뀐 신발
천향미 | 플러그 증후군
한정원 | 동사動詞를 불러오다
허영숙 | 죽선

초대시인 시선

변變

하지만 20
앉을 곳 없는 참새들이 눈밭에 별처럼 떨어지는 마을
내 고향 이름은 설성이다
산정의 봉수대는 좋은 놀이터였다
백제와 고구려의 파편들로 사방치기도 하고
참나무를 다듬어 검술을 흉내 내기도 하였다
어디든 극장이었고 봉화를 올렸다
불티가 유성이 되고 하늘이 은막이었다

등고선을 가늠하고
빛으로 점을 지우는 걸 알았을 때
나의 얼굴은 어두운편이었으나 이변은 없었다
묻어야 할 것은 묻고 고향을 나왔다

하지만
하굣길에 먹기 위해 등굣길에 묻어 놓은 고구마를 찾아
가끔 그 언덕을 서성거린다

전파연구소 위성접시가 별의 울음을 그러모으고
별자리들이 박힌 군부대가 점령한
그곳은 다시 성이 되었다

강병길

경기도 이천 출생, 『사람과 시』, 『중원문학』 동인. 연작시집 『도배일기』.
sunbee70000@hanmail.net

투명물고기

길이 변할 때마다 도화지는 불어나고 손목시계는 손목을 도려내요
몸의 한 점 P로부터 발생하는 공간은 계산적이죠

구름이 그랬고 흔들리는 그네가 그랬어요
내가 누군가에 도달하는 방식 또한 점으로부터 상상의 제곱근만큼 나아갔으므로 방향을 예측할 수 있어요

(뚜레 증후군 K씨가 한눈파는 사이 책에서 빠져나와 대화사이에 끼어든다)

우산모양 대화군요 우주 새에게 피를 쪼아 먹히죠
당신은 유령입니까? 샴쌍둥이 울음소리가 맨홀뚜껑 두드리고 아스팔트 위에선 고대이집트 유물 같은 형상들이 바리케이드 치네요
P가 팽창하는 어떤 날엔 활엽수의 잎들 사이 유영하는 판타지, 그 투명한 무늬를 지켜보죠

종이비행기는 종이가 아니고 나무인형은 나무가 아니듯 우리는 의자 너머 의자 향해 벡터를 계산해요 말을 걸죠 비가 오는군요 대화 속 대화에게 전화 해야겠네요 수인번

권기덕

경북 예천 출생. 『서정시학』 등단. 리비도 동인

호 328번, 당신의 손목시계를 얼른 푸세요 물고기는 항상
P로부터 빠져나와 하늘 향해 멀어질 테니까요

우물

목마를 때, 경주 박물관 간다
뜰 앞 우물에서
공손하게 물 한 바가지 떠먹는다
이 우물 앞에선 텅 빈 마음이 바가지다
조용히 눈 감으면
물이 고여와 넘친다
넘쳐흘러 하늘에 가 고인다
하늘 한 바가지 떠먹기 위해
새들은 몸속을 텅 비운다
누가 맨 처음 허공에 우물을 파고
청동의 치마를 둘렀을까
거꾸로 매달려 있어도
낭산 너머로 흘러가는 반월半月
우물 속에 잠겨 있다
때가 되면 텅 비어지는 몸을 들고
목울음까지 차오르는 에밀레
한 바가지 퍼서 월성月城이 젖도록
흐득흐득 마시다보면
우물도 달을 퍼서 마시고 있다

권기만

2005년 월간 『문학저널』 등단. 『두레문학』 주간.

비명

돌진하는 흰색 아반떼
물속으로 잠기려는 그 찰나
창밖에서 유리문을 짚은 남자의 손바닥

제발 내 말 좀 들어봐!

그날 당신은 등 뒤에서 날 끌어당겼던가.
당신은 당신을 들여다볼 수 없게 내 귀밑으로 입술을 가져와
어깨가 좁군
그때 불어오는 바람이 거친 잡초들을 쥐어뜯었던가
신형 에쿠스 한 대가 개의 두 귀를 펄럭이며 달려갔던가

해일이 덮치려고 치솟는 그 순간보다 절박하게
남자의 입술이 여자의 울음을 막은 것보다 더 다급하게
안간힘을 질러 여자가 슬픔에서 빠져나오게

당신에 대해 오해라거나 결별은 없어
가끔씩 강물이 푸른 안개 속으로 기울거나
안개가 흐르고 거슬러 올라가는 일만 남았다고 생각해

김명은

2008년 『시와시학』 등단. msmj7@hanmail.net

구름이 획을 긋고
나의 심장을 뚫고 긴 다리를 지나는 KTX

빗방울이 흰 연잎을 향해 꽂히고 몸이 물 쪽으로 기우는
그건 빗방울의 마지막 비상구였는지 몰라

모호한 수평

안개 속에서
그리움도 길을 잃는가
깊은 가슴 환히 보일 듯 들뜬 꽃잎은
이제 제자리로 돌아와
젖은 눈으로 얼굴을 바꾼다
당겼다 놓은 걱정은 포물선을 그리며
잔잔히 여물어 가고
꽃무리처럼 날아오르던 지난 화상
부화하는 기억 떨쳐내듯
젖은 날개를 턴다
깊은 적막 사이로
하얀 알들이 뱀처럼 기어 다닌다
꼬물꼬물 조용한 몸부림
여기저기 흩어진 상처들이
거대한 안개의 입으로 들어간다
소리가 무너지고
시야가 사라진다
마음대로 비켜가고 지울 수도 없는 모호한 수평
허공에 매단다

물방울 끝에 매달린 나는
혼자 뜨겁다

김미선

경남 진해 출생. 효성여대 졸업. 2010년 『불교문예』 등단.
부산문인협회, 부산여성문학인회 회원, 시림동인. 시집 『어떤 씨앗』

영원을 부르는 벨칸토 창법

하드커버가 들썩거려요 마스께라!
무거운 뜻을 가진 가지가 우거지고
하늘보다 커다란 잎이 자라
활보하는 새들과 구름의 길을
모두 가려버리고 있어요
잎이 울음의 고체형이란 걸 안다면 마스께라!
나무에 기대어 울 자격이 있어요
울음에도 기교가 필요하단 걸 아나요
꽃이 죽고 새가 죽고 바람이 죽고
소리만으로 구분할 수 있어요
내 귀는 늘 젖어 있지만 아무도 몰라요
뼈가 흔들려요 폐가처럼 텅 빈 생각에도 흔들려요
나는 오지 않을 미래에 대해 노래한 적이 있어요
미래는 딱딱하지 않았으므로 마스께라!
현재로 공명되지 않아요
내 마른 몸은 그림자로 채워져 있어요
호흡을 할 때마다 들락날락 나를 찌르는
딱딱한 그림자가 무서워요
자기를 증명하기 위해 날 이용하죠
나는 곧 버림받을 것을 예감해요
몸을 부비는 소리로 유혹하면 마스께라!

김사람

2008년 『리토피아』 등단.

촛대에 검은 불이 붙어요
긴 시간을 흐르는 미성으로
당신이 오고, 떠나는 방식대로
내가 미쳐가고 있어요 마스께라!

해바라기

그녀가 바라보는 하늘은 창문만큼이다

새가 날아가는 것도, 저녁 어스름도 창문만큼이다

그녀의 어린 시절도, 아련한 키스의 추억도

가늘고 길 내일도 모래도 창문만큼이다

바람이 그녀를 흔든다 창문만큼이다

흔들리는 가슴을 안아보려 하지만 창문만큼이다

날이 흐려도 창문만큼, 비가와도 창문만큼

문득 그녀의 등 뒤에 넓은 창窓 하나 더 달아주고 싶다

김승기

경기 화성 출생. 2003년 『리토피아』 등단. 시집 『어떤 우울감의 정체』 외 다수.

고양이의 잠

꽃이라는 못에 나비가 걸렸다

세상모르고 잠자는 서랍

상자가 밀려나도 잠에 빠져있다 구름이라는 서랍

광합성이 필요한지 햇빛 쪽으로 얼굴을 돌리고 자는

검은 나무아래 검은 새들의 휘파람에 어스렁어스렁 흐르고 싶은

구름이라는 서랍

매일매일

한번 들어가면 나오지 못하는 땅으로

걸어 들어가는 서랍

사막을 횡단하는 서랍

김예강

2005년 『시와사상』 등단.

雪月

덩치 큰 곰 두 마리가 싸우고 있다
설천지에 피문신 흩어져 두리번거리고 있다
물새들이 물고기의 꿈을 순금빛 저녁으로 건져 올린다
두 포유류 사이 심장을 겨누던 짐승이 방아쇠를 당긴다
남의 밥상에 숟가락 하나 얹혀 놓나요?
탕, 총구 방향으로 피그림자 비틀비틀 걸어온다
바람 탄 사스레나무 이파리가 황금 숲을 개장한다
우수수 낱장의 지폐가 떨어진다
떨리던 손이 체중으로 실린 짐승은 지폐를 쓸고 간다

곰은 숲의 주인
황금가지* 풍경 속으로 들어갈래요?
백일 동안 잠자던 곰 두 마리 사제의 꿈을 꾼다
보시게, 양날의 칼이 되면 왕이 된다던데...
슬슬 살기 돋는 눈 좀 보게?
숲은 탐조등으로 외길에 두 얼굴을 켜두자
착한 두 얼굴 칼 가는 소리 경쾌하다
풍경들이 킬킬 속닥거리며 다정한 정글 손을 내민다
소용돌이치는 어둠이 근위병으로 붙어 발을 맞춘다
두 얼굴은 초록을 치고 짐승을 치고 설산을 치러간다
보시게, 하늘에 별이 달랑 둘이네

김지순

1960년 전북 익산 출생. 인하대학교 사회교육과 졸업. 2007년 『시에』 등단.

뒷덜미가 서늘하지 않은가
지극한 밀월을 즐기는 순은의 계절이다
황금가지 꺾는 소리 들은 새 한 마리 상한별 물고 사라
진다
사스레나무 울음이 반음씩 간헐적으로 들리고
누군가는 힘 실린 발자국 깊이를 재고 있다
새들이 공기의 저항으로 날듯
두 얼굴은 서로 거울이자 저항이었다

곰은 숲의 주인
앞서간 늙은 발자국 등에 붉은 꽃을 피워
풀과 나무와 짐승에게 안녕과 행복을 굽어 살펴 줄
황금 숲의 수혈자는 피 맛을 안다
젊은 사제는 파릇파릇 최전선에 기생 한다

* 터너의 그림 제목

쌀밥꽃

〈!--[if !supportEmptyParas]--〉 〈!--[endif]--〉
압력솥의 추 돌아가는 소리
고만고만한 몸을
자작자작 불리는 소리
내일의 여명을 볼 수 있게 하는 소리
꽁꽁 동여맨 허기를 달래는 소리
오늘을 넘겨서는 안 될
하루 삼세번의 흥겨운 풍경소리
낯익은 네 살이 터지는 소리
내 피를 돌게 하는 반가운 소리
부엌과 거실을 넘나드는
쌀밥꽃 소리

김지연

2004년 『리토피아』 등단. 시집 『소심(素心)을 보다』 『늑대별』
sogaye@hanmail.net

명작 스캔들

머그컵 속에 주먹을 넣고 명작스캔들을 보다
화면 밖으로 튀는 침에 얼굴을 맞았다니까

민중을 이끄는 가슴을 드러낸 여신
앞에서 너는 거리조절에 실패하고

나는 커피향만 남은 머그컵 속에서
마르고 비겁한 토끼를 꺼내 길들이지

화면 밖으로 계속 침이 튀고

머그컵을 나온 토끼와
미술관을 빠져나온 수척한 비명과 여신이
풀밭 위에서 카드놀이를 하지

포커페이스에 실패한 너는
퉤 침을 튀겨 길을 떠나고

나는 머그컵 속에
스캔들을 넣고 토끼를 넣고 비명을 넣고
가슴을 넣고 포커페이스를 넣고
화면 안으로 던졌다니까
침이 멈췄다니까

김혜선

2009년 『시를 사랑하는 사람들』 등단. iyu2002@empal.com

도곡면 대곡리 1구 93번지

마을에서 집터가 제일 좋다는
우리 집, 밤마다 대문을 열어두고
나는 마음의 실타래를 풀고 실패를 되감는다
집으로 돌아오지 못하는 父母를 기다리며
단단한 실패를 쥐고
나는 꿈보다 말을 먼저 잃어버린다
얼마큼 절실해지면
마음의 옹이에 꽂히는 것일까
동생들은 늘 엎치락뒤치락
잠결에 엄마, 아부지 나를 붙들고 통 사정을 한다
첫 생리도 터지기 전에
너희의 엄마가 되고 아부지가 되는 나는
터 넓은 슬픔의 가임기에 들어 어찌어찌
시집 전에 여섯이나 多產을 하고 말았을까
한 사람이 아프면 번갈아 아프던
지독하게 추운 겨울이
나를 지속적으로 돌보는 것이 어떤 운명이었는지.
어둠이 빼곡히 차오를 때마다
종자가 작은 나뭇가지들 땅바닥을 가리킨다
실패에 되감긴 어둠도 나를 제 중심에 꽂고
멀고 먼 출발지로 돌아가려는 것일까
식은땀을 흘리며 방바닥을 박박 긁던 동생도
해가 뜨면 거짓말같이 열이 내리고 밥을 먹는다

박소원

2004년 『문학 선』 등단. 시집 『슬픔만큼 따뜻한 기억이 있을까』
jung4980@hanmail.net

미늘

당신의 명치끝에 방이 하나 있습니다
정작 당신은 그 방으로 오는 길을 모르고
슬픔을 세놓으려 한 적 없지만
나는 이미 오래 전부터 그 방에 들어가
평화롭게 저물곤 했습니다
당신의 숨소리가 흰 그리움을 타고 내려와
벽을 더듬거릴 때면
행여 내가 당신 몸속에서
너무 오래 살고 있진 않나
와락 눈물이 날 때도 있었습니다
하지만 이미 출구를 봉한 내게
근심이 머무는 시간은 그리 길지 않았습니다

당신이 영원히 알아채지 못할 그 방에서
오늘 새벽 세찬 빗소리를 들었습니다
귀를 허물며 들려오는 빗소리
그것은 당신의 울음소리였습니다
그 소리가 너무도 길고 무거웠으므로
나는 가만히 일어나 오래오래
온몸으로 번진 자줏빛 멍을 핥았습니다
육체는 운명이 아니라지만

박주하

1967년 경남 합천군 출생. 1996년 『불교문예』 등단. 숭의여대 문예창작과 졸업.
시집 『항생제를 먹은 오후』 『숨은 연못』

몰락이 이리도 깊은 까닭에
나는 죽은 칼을 들고 천천히 일어섭니다
당신의 명치끝을
도려내야 할 때가 기어이 온 것입니다

내 애인은 정원사다3

그가 눈사람처럼 녹아 사라졌다.
잘 가꾸어진 정원만 남았다.
온갖 잘린 나무들로 사지가 흩어져 있다.
심증만 있고 물증이 없다.

그는 사람의 성역과 나무의 성역을 오가며 살았다.
그의 영혼은 숲으로 이루어져 있었고
그의 거주지는 정원이었다.
그는 나무를 조형하듯 날마다 돋아나는
제 무수한 손과 눈을 조형했다.
그는 나무를 질료로 하여 살았다.
나뭇가지가 머물 수 있는 허공을 측량하여 자르며
제가 머물 수 없는 허공을 비워 주었다.
그의 팔이 제 자리를 벗어나지 않게 나무를 잘랐다.
그의 눈이 너무 먼 곳을 떠돌지 않게 나무를 잘랐다.

허공에 또 그의 손이 자라고 있다.
그를 노크 한다.
나무가 열린다.

박춘석

2002년 『시안』 등단.

추어탕과 샹송

나도, 반짝이는 소금이 바다인 줄 알았어요
틀니 대신에 파도를 주고 싶었거든요
푸른 색 타일이 일으키는 현기증을 담아 놓고
파도를 만지게 해 줄 게요
이 시간의 불빛들이 잔잔해질수록
난로 밖에는 더 많은 눈이 쌓일 거예요

추워요,
손 내밀면 파닥 튀어오르는 미꾸라지 한 마리
허옇게 번져가는 지난 가을의 잎사귀들
몸부림치기에는 차가운 양동이만한 것이 없어요
무딘 도마를 올려놓는 것을 잊지 않는다면요

잠든 지팡이를 쓰다듬으며 샹송을 듣는 할머니
할머니의 등을 들으며 잠드는 양동이

할머니가 추어탕 끓이는 것을 멈추었을 때
할머니의 몸에서 비늘이 돋아나는 것을 보았어요
깜빡 졸고 있는 사이
은빛 비늘이 뒤덮인 할머니가 뚝뚝 떨어졌고요
패인 자리마다 재피나무가 자라났어요

오
늘

2006년 『서시』 등단. 시전문 계간지 『시산맥』 편집장.
sonagi005@hanmail.net

수요일 아이

수요일 아이하고 친구가 되었어
조금만 기다리면 수요일 아이는 또각또각
구두 소리를 내면서 나를 찾아올 거야
수요일 아이는 일주일에 한 번씩 동굴에서 달빛을 꺼내지
보랏빛 안개를 배낭에 담기도 하고
알록달록 솥에 넣어 끓이기도 해
수요일 아이는 보글보글 대답했어
알맞게 졸아들 때까지
새콤달콤 썰어주면 된다고
주황색 바다와 살구색 하늘 그리고
간질간질한 초록색은 언제나 나만 따라다녀
수요일아이처럼 날마다 수염이 자라진 않지만
자꾸만 짧아지는 수요일 아이

챙겨갔던 비스킷 사과 반쪽이 바닥에 뒹굴었지
부서진 배를 버리고 떠난 아버지를 생각하는 수요일아이
거울에 비친 엄마도 이젠 곧 집을 비울 거라고 했어
수요일 아이가 알고 있는 건 봉투 속에서 꿈을 꾸는 휴대폰이야
수요일 아이는 팔락팔락 책가방을 챙겼어
스커트가 뜯겨 진 채로 말이야

유승영

1965년 서울 출생. 2011년 『서정과 현실』 등단.
epsalt@hanmail.net

깔깔 웃어대며 둥글게 둥글게 사라지는 수요일
수요일엔 언제나 비가 내려, 참 이상한 일이야

사소한, 아주 사소한 발견

암컷이 체력을 비축하고 있다
새끼를 낳기 위해, 수컷을 잡아먹고 있다
아직 볼 것이 남은 눈알을 먹고
아직 갈 곳이 남은 날개를 먹고
아직도 꿈과 이상이 펌프질 하는 심장을 먹어치운다

(뭐 그다지 놀랄 일 아닌 부류는 곤충학자 뿐만 아니다)

순산한 암컷,
지아비는 안중에 없고
새끼가 있는 새로운 가정 위에
더듬이를 내려놓고 엎드린다
등을 덮고 있는 긴 날개가 미사보처럼 반짝인다
고요와 평화가 깔리는 풀밭
밀려오는 하오의 나른함

이건 틀림없이 사마귀의 세계다

원무현

1963년 경북 성주 출생. 『시를 사랑하는 사람들』 등단. 시집 『홍어』

관계

그는 이마에 움푹 패인 연못을 보여주었네
연꽃이 피지 않는 곳이 연못이 아니라고 나는 대답했네
그는 못이라고 수정해서 말했네

나는 손 망치를 만들어 그곳을 단단히 때려주었네
구덩이를 팠네 한 번도 꽃을 피우지 못한 땅이
한 번도 집을 갖지 못한 꽃이 구덩이를 팠네
미처 지붕을 만들기도 전에 비가 내렸네

그는 이마에 움푹 패인 못을 보여주었네
검게 말라붙은 핏자국에 붉은 연꽃이 피어있었네
나는 연못이라고 알려주었네
그는 손 가위를 만들어 기쁘게 내 목을 따주었네

이경희

1970년 부산 출생. 1998년 『현대시학』 등단.

가도 또, 눌차만에 오시거든

꽃잎이 우표처럼 흩날리는 날
계절의 선창이 마음을 흔들어놓을 때가 있지요
가덕도 선창에 서면 꼭 그런 마음 들킨 듯
유행가도 한 소절 그립고, 추억은 파랑치지요
가덕도 등대가 목덜미처럼 내려놓은 둘레길 따라
동선새바지 느루 걸어 항월고개에 닿으면
정거마을 골목도 환했지요, 달 보는 봄밤이
먼데서도 그리운 이유를 여기 와서 알았지요

눌차만에 차오르는 겹진 파도는 추억의 밑줄
서로 다른 생의 길목을 향하던 정거장 아래로
밀물처럼 당신과 내가 누차 당도했었다는 걸,
바다는
알면서도 모르는 척, 기억의 찬장을 열다 들킨 척
가만히 글썽이곤 하는 거지요

천가동 우체국에 발길이 머무는 것도,
그늘의 유랑을 오래 지켜보는 가덕도 등대에
회복의 탄성처럼 불이 밝아오는 순간을 보는 것도,
눌차만이 태풍 후 연잎처럼 반짝이는 눈동자 같아서지요
바로 당신이, 하늘의 둘레를 걸어온 사람들이
만월이 차오르도록 걷고 걸어 돌아와 웃는 까닭이지요
가도 또, 가덕도 눌차만에 오시거든, 그것 때문이지요

이민아

1979년 서울 출생. 2002년 부경대학교 국어국문학과 졸업. 2004년 해양수산공모전 창작 부문 해양수산부장관상 수상. 2005년 〈국제신문〉 신춘문예 시 당선. 2007년 〈동아일보〉 신춘문예 시조 당선. 2007년 〈매일신문〉 신춘문예 시조 당선

비가 앞질러 오다

여름밤 빗소리가 자꾸만 당신 발자국 소리로 들리는데
발자국은 오다가 끊기고
당신보다 한 발짝 비가 앞서 오다
발을 가진 당신보다
발이 없는 비가 빠르게 오다
오는 비보다
오지 않는 당신을 기다리다
오지 않는 당신을 원망하기보다
오는 비를 탓하다
당신의 발자국 소리인 양 내 귓가에 범람하는 비를,
당신의 타박타박한 발자국을 덮쳐 오는 피해 가지 못할
서러운 落下
한밤 인간의 고요에 앉아 그 오래된 섭리를 미워하다

이선영

1964년 서울 출생. 이화여대 국문과 및 동 대학원 졸업.
1990년 『현대시학』 등단. 현재 『21세기 전망』 동인.
시집 『오, 가엾은 비눗갑들』 『글자 속에 나를 구겨넣는다』 『평범에 바치다』

검은 버찌의 나날

낙하하는 어둠보다 빠르게, 조울증 앓는 해보다 시무룩하게, 너는 어떤 뜨거움을 지나와 여기에 놓여있는가, 고요한 버찌는. 열매가 온몸을 웅크리고 있다 火氣의 순간을 깨물고 있는 문신처럼, 조용히 돋아나는 기억에 물을 주며

낮과 밤이 뒤섞여 뿌예진 봄 날, 두 팔을 벌려 초과된 기억을 안고 백야를 조금씩 굴러갔다 문방구 좌판에서 뽑아 낸 설탕 달, 달콤한 시간의 부스러기들은 검은 얼룩으로 자랐다 소슬한 바람이 연분홍 불빛을 군데군데 슬어놓는 가는 초저녁 밤

긁히고 터진 것들은 어떤 식으로든 흔적을 남긴다 먼 곳에서 달려와 풀썩 엎어지는 봄바람. 이유 없이 오래 남는 얼룩이란 없다 해가 뜨고 해가 지고, 너를 위해 내가 없어지는 경험을 하며 간신히 한 계절을 매달렸다가, 떨어지고, 밟혔던 과적된 기억의 아가리가 벌어져있다. 아직 즙이 덜 빠진 나로부터, 가만히 터져있는 버찌로부터.

이영옥

1960년 경북 경주 출생. 2005년 〈동아일보〉 신춘문예 시부문 당선.
시집 『사라진 입들』. 2007년 한국문화 예술위원회 창작지원금을 수혜.

이상한 취미

나는 침대를 수집해요
어제는 깊이가 없는 침대 하나를 찾았어요
나를 안고 인형으로 착각하던 당신의 침대에서
당신이 마른 인형 놀이를 하는 동안
난 종이 인형처럼 누워 있었지요
등이 없어 슬픔을 보일 수가 없던 나는
밤이나 낮이나
눈물이 되어가는 중이었고
눈물이 말라가는 중이었지만
눈물이란 그냥 물이라고 말하던 당신
당신이 내 눈물을 침실처럼 꾸며 놓던 날
난 당신의 침대를 끌고 집으로 돌아왔어요
커튼을 내리고 문을 잠궜지요
언젠가 나와 침대 사이 빈 공간에 어둠만이 남는다면
나는 평생 모은 침대를 부수어
아름다운 나의 관을 짤거에요
당신의 후회와 나의 슬픔에 꼭 맞는
마지막 침대를 만들래요

이운진

1995년 『시문학』 등단. 시집 『모든 기억은 종이처럼 얇아졌다』.
leewoonjin@naver.com

남산 위의 저 소나무

1
트랜스젠더와 주차장 영감이 싸웠다
영감이 트랜스젠더에게 싸가지 없는 놈이라고 부른 게 발단이었다
트랜스젠더는 차라리 년이라고 불러주었으면
이렇게까지 화가 나지 않는다고
싸움을 구경하는 미국인들에게 호소했다
미국인들이 년과 놈의 차이를 이해하는지 알 수 없지만
트랜스젠더의 호소에 환호로 답했다
호소의 힘은 언어의 밖에 있다
광산의 고싸움이나
청도의 소싸움처럼
이태원에도 년과 놈이란 호칭 때문에
밀고 당기는 몸싸움이 있다

2
가브리엘이 왔다
그는 민중의 지팡이답게 지팡이를 들고 왔다
가브리엘을 보자 트랜스젠더의 바지춤을 잡고 있던 영감의 손에 더욱 힘이 들어갔다
트랜스젠더는 긴 손을 휘둘러 영감의 벗겨진 민머리를

이창수

1970년 광주 출생. 2000년 『시안』 등단. 시집 『물오리 사냥』 『귀속에서 운다』.

내리쳤다
가브리엘의 등장으로 영감은 기고만장했지만
양성애자인 가브리엘은 어느 누구의 편도 들지 않았다

3
가브리엘의 임무는 이해 불가한 싸움을 말리는 데 있지만
년과 놈에 대한 개념이 확실한 영감을 설득할 수가 없었다
영감은 그게 있으면 남자고 없으면 여자라는 입장이었다
서로에 대한 몰이해가
물리적 충돌로 이어진다고
미국과 이라크의 싸움도 같은 이치라고
주차장 영감을 설득했지만
고추 달린 게 놈이지 년이야!
소귀에 경 읽기였다

4
가브리엘의 등장으로 싸움은 끝났다
이놈저놈 이년저년
미국인들도 싸움의 원인을 아는 것 같았다
하지만 미국인들은 싸움의 원인보다는

싸움의 결과를 더 중요하게 여겼다
미국인들은 새로운 전장을 찾아가고
트랜스젠더는 경찰서로
영감은 다시 주차를 시작했다
흑인과 백인 동남아인과 동북아인들이
바쁘게 서로의 자리를 바꾼다

유목민은 초지를 찾아서
농경민은 초지를 불태워 밭을 갈고

5
아담의 갈빗대로 이브를 만든 것은
아담의 쓸쓸함을 달래주기 위한 하느님의 배려다
세상의 쓸쓸함을 지우기 위해
저 많은 술집이 생겨났다
세상의 모든 쓸쓸함은 술집으로 흘러가고 술집에서 나온다
쓸쓸함을 잊기 위해
아담의 후예들이 술을 마신다
쓸쓸함을 지우기 위해 서로 멱살을 잡고
남의 일에 참견하다

더 큰 싸움으로 번지기도 한다
태초에 쓸쓸함이 있었다

6
싸가지 없는 비가 한 달이나 내렸다

지하에 물이 차서
트랜스젠더들도 어디론가 사라지고
빗소리만 남았다

애국가에 나오는 남산 위의 저 소나무가
어떤 소나무나무를 지칭하는지 궁금해
우산을 쓰고 남산으로 산책 갔다

안익태 선생이 외국 생활을 너무 오래했나?
남산 위의 저 소나무는 찾을 수가 없었다
중국인들과 일본인들이
남산타워에서 시내의 전경을
카메라에 담고 있었다

7
주차장 영감은 그게 있지만
남자 구실을 못하고
트랜스젠더도 그게 있지만
여자로 대접 받는다
트랜스젠더는 자신의 용기로 몸을 바꾸려하고
주차장 영감은 자연의 섭리를 받아들이라 한다
의지와 순응 사이에서 폭력이 발생하는데
이태원에서는 종종 있는 일이다

우체국 가는 길

봉투의 주둥이를 입으로 훅 분다 추신으로 눈이 새까만 채송화 꽃씨를 함께 넣는다 만삭의 봉투가 뒤뚱, 봄 벚꽃길 열고 네거리 우체국 간다 나냐너녀 노뇨누뉴 왕벚꽃 말문 트는 돌담을 따라 시옷이응 지지배배 초등학교 담장을 지나 두근두근 사랑의 능선을 돌아 붉은 우체통 기다리는 소박한 우체국으로 들어선다

앉은뱅이저울이 벌떡 일어나 눈이 까만 채송화 꽃씨를 안아 올린다 그립다 사랑한다 씨알 굵은 고백은 아껴두고 사랑의 변죽만 울렸던가 꽃대궁에 올라앉은 잠자리가 부드러운 날개를 사뿐 접는다 날아가듯 저울 눈금이 요동친다 꽃씨가 꽃대의 거리를 재는지 발가락이 허공을 툭툭 찬다 발뼘을 잰다 봉함엽서 봉투의 솔기가 자꾸 터진다

휘파람새 한 마리 푸드덕 붉은 마음을 물고 날아간 그곳, 추신으로 넣은 채송화 꽃씨가 속닥속닥 꽃말을 터뜨린다 하얀 치아를 활짝 드러내고 깔깔 쏟아놓을 비단길, 중년의 아낙이 연초록 설레임을 펼쳐 읽는다 그곳에는 활짝! 만개한 주름들도 다 핀다 화들짝 눈부시게 펼쳐낸다

전다형

2002년 〈국제신문〉 등단. 한국시인협회, 부산작가회의 회원.
annajsn@hanmail.net

나무 여자

햇볕을 빨아들여 무럭무럭 그늘을 키우는 내 몸은 역설이다

한 잎 돋으면 한 촉 어두워지는 어둠의 생장점이
내 몸을 뒤덮고 있다
접신한 어린 무녀의 붉은 춤사위처럼 흘러가던 초경,
계절은 방울소리를 좇아가던 중얼거림처럼
기록되지 않은 비문이었다
물관이 지나가는 손금을 펼쳐 보이며 이파리들은 한사코
방향을 틀어보지만 생은
뿌리쳐도 제자리로 돌아오는 한삼 자락이었다

그늘은 빗고 또 빗어도 가르마가 나지 않았다

정푸른

경남 진주 출생. 2008년 『미네르바』 등단. 시전문 계간지 『시와 환상』 편집장.
purnc@hanmail.net

날의 각刻을 보다

아침에 일어나면 제일 먼저 날을 간다
너는 먼 날을 위해 날을 갈지만
나는 오늘 쓸 만큼의 날을 간다
깊은 곳을 건드리는 목이 긴 날과
얕은 곳을 파고드는 날쌘 날 모두 꺼내
거울이 되도록 날을 간다
급하게 달려가는 날, 어느 곳에나 도사린 날
너는 칼집에 품고 살아가지만
나는 칼집을 열어
손때 묻은 날을 간다
네가 삐딱한 각도를 고집하여
한 글자 한 획을 목판에 새기면
마주보는 나는 꼭 그 각도로 따라가야 하는
내가 가진 날은
떨어져 나간 나무 조각은
날이 없어
칼을 잡고만 있다

조경선

2012년 계간 『포엠포엠』 등단. jung4980@hanmail.net

슬픈 레미콘

어쩌면 이 타원의 항아리는 영원히 깨지지 않을지도 모른다. 소년은 태어나서 항아리를 벗어난 적이 없다. 풍랑에 꼬리가 휘감긴 외로운 고래 같다. 몸통 가득 시멘트를 채우고 마지막 남은 10% 눈물을 간간이 뒤섞으며 짐승의 몸을 이어가는 고래. 얼마를 돌려야 저 거대한 항아리가 깨어지나, 바람도 아닌 것이, 구름도 아닌 것이 서커스단 낮은 단상에서 끊임없이 유영한다.

때로 유기체들이 직선의 꼭짓점을 만들기도 하지. 허공에 정착하려면 일정한 속도로 회전하는 기술부터 습득해야 한다. 모래 속에 감춰진 눈물이 빽빽한 고체로 자랄 수 있게 위태한 모션 안에서 수평을 잡는다. 애초 불안不安과 부동浮動이 한 몸인 것처럼 소년의 회전 방식도 어느 한 지점에 멈출 것이다. 사물과 사물의 결합재로 시공될 푸른 아킬레스건. 타원의 결함을 직사각이 보완하듯 소년은 자라면서 한 장의 벽돌로 압축된다.

조원

1968년 경남 창녕 출생. 동의대학교 미술학과 졸업.
2009년 〈부산일보〉 신춘문예 당선. 「잡어」 동인.

통풍

나는
*고운사 석탑이고
태어나면서 부터 거짓말쟁이이고
나한전에서 몹시 앓다가 나온
순발력 있는 바람이다

오월 오동나무 아래
벙거지 벗어놓고 앉아
흔들리는 햇살에게 진료 받는
천년이 푸른 주름이다

바싹 마른 갈빗대 사이로
바람이 횡 지나가도
사랑이야기 들어주는 민달팽이 한 마리 있어
좌대를 더듬거리는 희열이다

나는
발가락을 타고 다니는 통증을
하느님이라 부르고
꽃이라 부르고
뼈와 뼈 사이로 빠져 나갔다가

조향옥

1956년 진주 출생. 『시와 경계』 등단.
bob3434@hanmail.net

곧 돌아오는 부처님을
옛사랑이라 부르는 오래된 바람이다

* 경북 의성군 단촌면 (구름도 외로운 집)

회전톱날

날이 스쳐보면 안다
맨살과 맨살이 부딪쳐 보면 안다
살생부 같은 패찰을 달고 참수를 기다리는 목재들

필경 허리를 잘리어 낯설게
바다 넘어 건너왔을 터
잘 재단된 주검을 위해
한 움큼씩 울음이 터지고
베여지면서 온 몸으로 내 뱉는 이력들

그렇구나
그랬겠구나
여기쯤은 더 그랬겠구나
아 너도 사리를 몇과를 숨겨두었구나
어머니의 목처럼

보내지는 자들의 가벼운 몸피만을 위해
뼈 빠지게 돌았던 하루
윈 종일 남의 울음을 듣느라 잊어버린
제 울음
가로등 구석진 곳에서 제대로 쌓이고 있구나.

주강홍

2003년 『문학과 경계』 등단. 2005년 현장비평가가 뽑은 젊은시 20인에 선정.
현재 진주문인협회 회장. bai0053@hanmail.net

숨은 그림 찾기

부패한 냄새는 어느 곳에나 있기 마련이라
남자의 주검이 구토를 동반해서야
무심한 눈들은 수상한 냄새를 직감했다
주민들 민원이 빗발치자 서장의 닥달이 시작됐다
동네 안을 숨은 그림 찾듯 뒤진 지 사흘째
셰퍼드 임 경장의 눈에 가장 먼저 띈 건
용도를 알 수 없는 여러 개의 약봉지였다
밀쳐 둔 밥상 위 군내 나는 김치의 최후를
얇은 천 되어 덮어 준 허연 곰팡이
남자 머리맡 뚜껑 열린 가스활명수 병 안으로
검은 상복의 개미들이 줄을 잇고 있었다
열린 방문으로 냉큼 뛰어 오른 햇살
눈살 찌푸린 전화기 들었다 내리자
빛줄기 따라 영혼처럼 폴폴 날아 티끌로 돌아가는 먼지
순간, 임 경장의 얼굴이 훅하고 달아오는 건
역겨운 냄새 탓만은 아니었다
때 절은 이부자리 위서 뒹구는 생활정보지들
위태한 재떨이 산에서 미끄러진 꽁초들이
하고 싶던 말은 무엇이었을까
발에 밟힌 하얀 몸뚱이의 모나미 볼펜이
울음을 삼키는지 기괴한 신음을 낸다

절박함에 온몸 데여본 사람일수록
숨은 그림 찾기 능력이 탁월하다

천지경

진주 출생. 2006년 근로자 문학제 시부 수상. 2009년 『불교문예』 등단.
진주 화요문학회 회원. 63299361@hanmail.net

독감

신열처럼 들뜬 비린 꽃내음, 푸른 혈관을 타고 바이러스 하나 길을 만든다. 낮잠에 든 동안 아득한 파동이 둥근 그늘을 만들고, 그늘 속으로 긴 복도를 냈다. 내 몸 깊숙이 파고드는 바이러스의 입김. 하루가 힘겹게 저물어 갔다. 안이 지독하게 저물어야 윤곽을 드러내는 통증, 통증의 바닥까지 내려가야만 소생의 근원을 얻는 이 아름다운 질서를 바라보는 일, 깊어간다는 것도 이런 것인가

온 몸의 뼈란 뼈들은 죄다 수근거리는 한 낮, 독하게 지은 말간 약을 먹는다. 슬픔이 하염없이 안으로, 고통의 쓸쓸하고 아련한 냄새 흩날렸다. 창밖을 보니 개나리 뭉텅뭉텅 피기 시작한다. 절박한 문제들을 노랗게 새기고 몸을 흔드는 꽃들의 증언을 받아 적었다. 나는 죽음도 두려워하지 않는다고 입 다물어 발음해 본다.

지독하다, 사랑

최서진

2004년 『심상』 등단. 한양대 국문과 박사과정 수료. 다층 동인.

바뀐 신발

잠시 벗어둔 신발을 신는 순간부터
남의 집에 들어온 것처럼 낯설고 어색했다
분명 내 신발이었는데
걸을 때마다 길이 덜커덕거렸다
닳아 있는 신발 뒤축에서
타인의 길이 읽혔다
똑같은 길을 놓고 누가
내 길을 신고 가버린 것이다
늘 직선으로 오가던 길에서
궤도를 이탈해 보지 않은 내 신발과
휘어진 비탈길이거나 빗물 고인 질편한 길도
거침없이 걸었을 타인의 신발은
기울기부터 달랐다
삶의 질곡에 따라
길의 가파름과 평탄함이
신발의 각도를 달리했던 것이다
길을 잘못 들어선 것 같은
타인의 신발을 신고 걷는 길,
나는 간신히 곡선을 직선으로 바꾸었다

천종숙

1957년 경남 고성 출생. 방송통신대학 국문학과 졸업.
2006년 〈부산일보〉 신춘문예 등단.

플러그 증후군

소리에 대한 보고서를 전송한 후 귓속에서 날마다 환청이 한 뼘씩 자랐다 조율되지 않는 문장하나 창문을 두드리다 갔다 컴컴한 골목을 지날 때 한 템포 느린 발자국 저녁을 미행했다 오늘은 고요를 핑계 삼아 잠을 청하는 동안 내리는 빗방울들 음계를 밟고 있다 성대를 부풀리는 꿈속의 여자, 입술을 깨문다

정전은 예고 없이 이명을 키우고
소음 안에서 평온했던 것들은
몸 져 눕는다
간신히 발광한 어제의 눈 빛
부하된 귀를 잘라내고 암벽 가득
고호가 해바라기로 피어난다
어둠에서 발원된 해류가 전파를 타고 와서
두꺼비집을 짓는 동안
방전된 모래시계가 태양을 뒤집어 놓는다
정전은 세상의 꿈을 일시에 꺼버린다
어둠의 뒤편 절망의 벽을 세우고
다시 돋아날 소리를 깨운다

입술에 갇힌 목소리 리듬을 타고 휘파람이 된다 나는 악보에 없는 노래로 자라 엇박자의 생을 조율한다 쿨럭이던 창문이 바람을 안고 달팽이관을 빠져나간다 가만히 내 옆에 누운 어둠이 두근거리며 새벽을 충전중이다

천향미

1966년 경북 의성 출생. 2007년 계간 『서시』 등단. 2011년 한국문학방송 신춘문예 당선
2012년 부산문화재단 문예진흥기금 수혜. poembada@naver.com

동사動詞를 불러오다

전시실을 돌고 돌아
루브르 박물관 휴게실에서 동사動詞를 끌어올린다
결국 역사는 Be 동사와 Have 동사의 교직으로
촘촘해진 시간이라는 것을
그는 그곳에 있었고 그녀는 그를 가졌었고
왕은 신하를 거느렸고 죽음은 거기에 퍼져있었다
존재 없이는 소유도 없었다는 중세의 증거
현재 진행형을 위해 존재 동사는 맨 앞에 서있다
고딕체의 루이 14세는 거기에 있고
나는 갈색 루이까또즈 가방을 가지고 있다
대장장이 헤르메스는 마차를 타고 몽마르트 언덕에 있고
나는 헤르메스 지갑을 들고 버스 정류장에 서있다
생은 이렇게 공터에서 시작해
과거의 시간까지 끌어안고 무겁게 달음박질친다.
Be 동사만으로도 수련이 피어오르던 날
소유하지 않고, 나는 그저 누구였던 날들,
그는 그냥 그답게 천천히 다가오던 날들
전시실의 그림을 가득 실은 카메라는
동양 여자의 목에 걸려 본국으로 돌아간다
이제 나는 몸에 지니고 있던 모든 것 내려놓고
누구와 함께 그 자리에 있기를 바란다
그냥 Be 동사로

한정원

1998년『현대시학』등단. 수도여자사범대학 교육학과 졸업. 세종대학교대학원 교육학과 졸업. 시집『그의 눈빛이 궁금하다』『낮잠 속의 롤러코스터』. 계간『포엠포엠』기획위원.
emily720@hanmail.net

죽선

속없어 보여도 저미면 뼈가 여럿입니다
뼈와 뼈를 선지扇紙로 묶으면 서늘한 숲이 생기지요
한여름의 폭염
그 후방에 나 앉아 포개진 댓살을 펼쳐 흔들면
숲에서 찬바람이 일제히 몰려오는 것인데
그럼 바람은 어디서 생겨나는 것인지
허공을 가만히 들여다보면
고요한 듯 보여도 수많은 바람이 살고 있지요
댓살을 흔들 때 흩어지거나 포개지면서
대 안에 숨은 서늘한 그늘을 베껴내며
한꺼번에 몰아치는 것인데
댓살이 차고 시원한 바람을 몰아 올 수 있었던 것은
고비를 넘을 때마다
마디 속에 생긴 그늘 때문이지요
마디는 다시 한 생애를 밀어올리고
곧은 생애에 또 한 마디가 자라나고
그늘은 그때 생겨나 댓살에 스미지요
밀려나면 또 다시 몰아오고
빙글빙글 바람을 돌리는 댓살 속에
고비도 없이 한 시절 그럭저럭 고요하게 건너가는
나의 지루한 문양을 그려 넣으면
바람을 접고 또 접어 내 어깨를 후려쳐 줄까요

허영숙

경북 포항 출생. 2006년 『시안』 등단. 시집 『바코드』.

안효희 | 서른여섯 가지 생각

안도현 | 극진한 꽃밭

이채영 | 엽총을 어디에 두었더라?

문인수 | 눈 속의 사막

정한용 | 태양이 머무는 곳

[젊은시인들]의 추천시

장인수

서른여섯 가지 생각

살아있는 것은 모두 펄떡이는 자갈치 어시장, 한때 갈매기였던 그가 고래 고기 한 접시 뚝딱 썰어왔네 서른여섯 가지 부위별로 다른 맛이 난다는, 그래서 우리는 서른여섯 가지 골목길을 생각하네

당신의 쫀득한 맛과 질긴 집착을 씹다가 꿀꺽 삼키네 몸길이 25미터 고래의 바다를 음미하네 평택에서 무궁화를 타고 온 그의 망설임도… 언제나 24시간 전에 도착한다는 그녀의 집착도… 진주에서 부랴부랴 도착한 그의 의지도… 오늘은 적당히 흔들리면서 중심이 잡힌다네 밤마다 전전반측하던 서른일곱 번의 울음, 그 옆구리를 풀어놓네 함부로 내뱉은 사랑도 비애도 아닌 또 다른 이름의 문신,

점점이 박힌 시간이 다칠세라 서로의 궁륭을 만드네 겹겹의 웃음과 손짓으로 한 번 더 우겨보네 더 넓은 곳으로의 이동, 기형의 물고기인 채로, 썩은 고목의 뿌리인 채로, 서른여섯 토막 난 꿈인 채로,

안효희

아픈 청춘아! 송창식의 『고래사냥』이 오버랩 되었다. 술 마시고 노래하고 춤을 춰 봐도 가슴에는 하나 가득 슬픔뿐이네. ~~ 간밤에 꾸었던 꿈의 세계는 아침에 일어나면 잊혀 지지만 그래도 생각나는 내 꿈 하나는 조그만 예쁜 고래 한 마리 자 떠나자 동해 바다로 신화처럼 숨을 쉬는 고래 잡으러~~ 우리의 사랑이 깨진다 해도 모든 것을 한꺼번에 잃는다 해도 모두들 가슴 속에 뚜렷이 있다 한 마리 예쁜 고래 하나가~~.

고래는 바다에서 가장 똑똑하고 신비로운 생명체다. 젖이 달린 포유류. 사람과 가장 친한 동물. 한 번 호흡하면 오랫동안 잠수할 수 있는 고래. 평택에서, 진주에서, 부산에서 서른여섯 가지 부위별로 서로 다른 맛과 느낌과 울음의 고래가 우리를 기다리고 있다. 그것은 사랑의 부위. 그것은 이별의 부위. 아픈 청춘의 비애. 고래가 유영하는 드넓은 세계는 우리 사랑의 넓이. 춤을 추자. 고래는 전 세계의 바다에 골고루 서식하고 있다. 남태평양의 따뜻한 바다에서 양 극지방의 혹한의 바다까지 전 세계를 누비는 고래의 향연처럼 우리의 사랑도 거친 바다를 누비자. 전전반측하는, 높이 뛰는, 울고 또 울어대는 고래처럼! (장인수 시인)

극진한 꽃밭

봉숭아꽃은
마디마디 봉숭아의 귀걸이,
봉숭아 귓속으로 들어가는 말씀 하나도 놓치지 않고
제일 먼저 알아들으려고 매달려 있다가
달랑달랑 먼저 소리를 만들어서는 귀속 내실로 들여보내고 말 것 같은,
마치 내 귀에 여름 내내 달려있는 당신의 말씀 같은,
귀걸이를 달고 봉숭아는
이 저녁 왜 화단에 서서 비를 맞을까
왜 빗소리를 받아 귓불에 차곡차곡 쟁여두려고 하는 것일까
서서 내리던 빗줄기는
왜 봉숭아 앞에 와서 얌전하게 무릎을 꿇고 앉는 것일까
빗줄기는 왜 결절도 없이
귀걸이에서 튀어 오른 흙탕물을
빗방울의 혀로 자분자분 핥아내게 하는 것일까
이 미칠 것 같은 궁금증을 내려놓기 싫어
나는 저녁을 몸으로 받아들이네
봉숭아와 나 사이에,
다만 희미해서 좋은 당신과 나 사이에,

안도현

저녁의 제일 어여쁜 새끼들인 어스름을 데려와 밥을 먹이네

'사람의 귀가 둘이고 입이 하나인 이유는 말하는 것보다 듣는 것을 두 배로 하라는 뜻'이라는 탈무드의 구절도 있다. 그만큼 귀는 사람 관계에서 매우 소중한 역할을 한다.

그러면서도 귀는 관심의 사각지대에 놓여있는 신체 부위라고 할 수 있다. 귀를 곱게 화장하는 경우도 거의 없다. 귀 자체보다는 귀걸이만이 관심이 있을 뿐이다.

오히려 귀는 박해를 받았다. 예술가 반 고흐가 있다. 자기 왼쪽 귀를 잘라 신문지에 싸서 애인 창녀에게 전해 준 예술가. 그러나 반 고흐는 귀를 자르는 정신적 착란 속에서 그의 찬란한 노란색 빛깔의 예술세계를 탄생시켰다. 예술가에게 귀는 예술적 영감의 대상이 될 수 있다.

현대 사회는 온갖 소리의 범람 속에 있다. 험악한 소리, 추악한 소리, 무모한 소리들의 과부화에 걸려 있다. 귀는 외부 세계와 내부 세계를 함께 지향한다. 소리를 선별해서 듣는 것은 결코 쉽지 않다. 따스하고, 슬프고, 아픈 사람들의 낮은 소리를 귀담아 듣는다는 것은 말처럼 쉬운 일이 아니다. 각박한 세상에서 자기 자신에게 이익이 되는 소리만 듣고 싶어 한다.

다닥다닥 마디마다 빨간 봉숭아꽃이 피었다. 귀처럼 생겼다. 꽃잎은 모두 귀였구나. 천수관음(千手觀音)이 아니라 천이관음(千耳觀音)이로구나. 함부로 말하지 말지어다. 한 귀로 듣고 한 귀로 흘리지 말 일이다. 봉숭아 꽃잎 귀가 모든 소리를 엿듣고 있다. (장인수 시인)

엽총을 어디에 두었더라?

노을빛 바다 위를 걸어가는 노인을 만났다 물고기의 뼈 속으로 들어간 헤밍웨이가 내게 총을 겨눈다 탕, 그의 총구가 뿜어낸 실탄이 가슴에 박힌다 까맣게 타버린 청춘의 가슴에

뼈만 남은 나는 낚시 바늘에 시를 끼워 낚싯줄을 드리운다 상어가 놓아버린 물고기를 찾아서 끼니도 거른 채 작살을 날린다

상어와의 결투에서 이기고 상어의 이빨을 훈장처럼 내 잇몸에 끼운다 나를 게걸스레 물어뜯는 상어들, 나는 어디 갔어? 엽총을 어디에 두었더라?

빈 바다에 바람이 바뀌고 나는 다시 배를 띄운다 아직도 작살을 손에 쥔 채 하루 종일 꿈을 쫓고 있다 작살에 찍혀 언뜻언뜻 허연 아랫배를 드러내는 낯선 나와 사투를 벌이는 핏빛 시!

『노인과 바다』의 작가 어니스트 헤밍웨이는 엽총으로 자살한 인물로 유명하다. 1899년에 출생하여 1961년 63세의 나이로 사망했다.

엽총을 어디에 두었더라? 자살하기 위해? 왜? 말도 안 돼.

검은 피부에 깡마른 체격, 얼굴에 피부암처럼 퍼져 있는 누런 반점. 왜소하고 볼품없는 늙은 어부는 84일 동안 고기를 한 마리도 잡지 못했다. 85일 만에 찾아 온 행운. 그리고 사투. 이틀 낮, 이틀 밤 동안 식사는 물론 잠도 제대로 자지 않고 오직 고기잡이에 몰두하는 노인은 낚싯줄을 쥔 손에 쥐가 나고 살이 찢겨 나가도 포기할 줄을 모른다. 삶과 죽음을 건 투쟁에서 노인은 마침내 승리를 거두고 노인의 작살은 큰 고기의 심장을 꿰뚫는다. 하지만 피 냄새를 맡은 상어 떼가 배로 몰려든다. 작살과 작은 나이프를 휘둘러 상어 떼를 쫓는 데는 성공하지만, 18피트짜리 고기는 뼈만 남았다. 노인은 중얼거린다.

"인간은 패배하도록 만들어진 것은 아니야. 인간은 죽을 수는 있어도 결코 패배하지는 않아."

희망을 버린다는 건 어리석은 짓이야, 하고 노인은 생각했다. 하지만 헤밍웨이는 정작 엽총으로 자살을 했다. 그게 예술가의 천형이다. 보라 사투를 벌이며 핏빛시를 쓰는 시인을! 가혹한 예술가의 길이여. 뼛속까지 내려가 시를 써야하는 시인이여. 결국은 승리할 것인가. (장인수 시인)

눈 속의 사막

눈에, 두어 알 모래가 든 것 같다.
안구건조증이다. 이럴 땐 인공누액을 한 두 방울
'점안' 하면 한결 낫다. 이건… 마음의 사막이 몰래 알슬어 공연히 불러들인 눈물이다. 하긴,
사람의 눈물은 모두 사람이 만드는 것. 그 눈물 퍼 올려
너에게로 가야하는 메마른 과목이 있다.

"눈에 밟힌다"는 말은 참 새록새록 기가 막힌다. 그 누군가를 하필 가장 예민한 눈에다 넣고, 그 눈으로 자주, 사무치게 자근자근 밟아댔을 테니,
어찌 아프지 않았겠나, 눈앞이 정말 깜깜하지 않았겠나, 그래, 눈물 나지 않았겠나.
그리운 사정을 이토록 가슴에 박히는 듯 압축한, 극에 달한 절창이
세상 어디에, 언제, 또 있을까 싶다.

그러나 눈에, 그 엄청난 황사를 설마 다 몰아넣고 그걸 또 남김없이 밟으며 끝까지 헤쳐 갔겠는지… 아무튼, 사람의 눈물은 실로 무진장해, 그 강물
그 눈에, 방울방울 댔을 거다. 그러니까, 낙타는 제 눈 속의 배다. 하지만 본래,

도저히 가닿을 수 없는 것이 그리움 아니냐. 눈에, 눈물은 또 여물처럼 모래를 씹는 짐승,
그 슬픔 건너는 길이었을 것이다.

눈에 모래알 두어 개 든 것처럼 눈이 까칠하고, 아프고, 서걱대고…… 그 느낌은 샌들에 모래알이 들어가 발가락을 누르는 느낌보다 더 깔깔하고, 눈물이 나고, 자꾸 껌뻑거리게 되고, 시야가 희미해지고, 충혈이 되고…… 그 느낌은 목구멍에 날파리가 걸려 캑캑거리고, 숨이 막히고, 토하고 싶고, 숨쉬기도 힘든 거보다 더 답답한…… 흥부전에 보면 "눈에서도 눈물이 나고 귀에서도 눈물이 난다"는 표현이 있다. "눈에 밟힌다"는 표현처럼 기가 막히다. 우리의 오감은 아픔에 젖어 눈물에 젖어드는 표현을 많이 거느리고 있다. 눈에 모래가 들어가면 마치 되새김질을 하듯 눈을 껌뻑거리며 모래를 뱉어 잘근잘근 씹어 즙을 만들고야 말 태세로 자꾸 또 눈을 껌뻑거리게 된다. 사막의 낙타도 눈을 자주 껌뻑거리는가? 알 수 없지만 문인수 시인은 오감의 언어를 누구보다 실감나게, 절실하게, 다루고 사용할 줄 안다. 대단한 오감이다. 그는 오감으로 시를 쓴다. 나는 그의 영원한 독자다. (장인수 시인)

태양이 머무는 곳

여름이 끝날 무렵 아치스에 갔습니다. 햇살은 무방비로 내리꽂혀 피부를 뚫는데, 바람이 건조하고 서늘하여 견딜 만했습니다. 델리키트 아치를 지나 '악마의 정원'으로 접어든 뒤, 나는 에드워드 애비가 초청장에 적은 길을 따라 약속장소로 갔습니다. 붉은 바위 사이 소로를 따라 두 시간은 족히 걷고 나서야 무덤에 닿았습니다. 그는 자신의 묘비에 'No Comment'라고 새기고 있었습니다. 도마뱀이 머물던 향나무 그늘에 앉아 그 무심한 작업을 오래오래 지켜보았습니다. 내가 물통을 건네자, 그가 술은 없냐고 물었습니다. 그럴 줄 알고 준비해간 코냑을 배낭에서 꺼내, 나란히 한 모금씩 나눠 마셨습니다. 지나가던 사막 토끼에게도 한 잔 주었습니다. 외롭지 않냐고 물었습니다. 그는 혼자 놀기의 명수라 괜찮다고 했습니다.

정한용

에드워드 애비(1927-1989)는 대학에서 철학을 공부한 후 국립공원과 국유림을 열여섯 번 옮겨 다니며 자연 속에서 대부분의 삶을 살았다. 애비는 산림경비원으로 일할 때 도로를 가로질러 가는 다이아몬드 무늬 뱀을 보호하기 위해 교통통제 표지판을 만들어 도로를 통제했다. 애비가 쓴 소설 '몽키 렌치 갱'은 1981년 환경오염 시설을 파괴하는 '어스 퍼스트'라는 환경단체가 만들어지는 계기가 됐다. 자신의 자유로운 삶에 이런 활동이 더해져 그는 환경운동가들에 의해 종종 '사막의 아나키스트'로 불렸다.

30년 간 다섯 번 결혼하며 파란만장한 삶을 살았던 애비는 코요테가 와서 시신을 훼손하지 못하도록 바위틈에 시체를 묻고 묘비에 '노코멘트'라고 새겨줄 것을 당부했다. 실제로 그의 바람대로 장례가 치러져 애비는 1989년 애리조나 남서부 황야에 묻혔다. 무덤이 있는 곳에서는 아름다운 산과 사막의 굴곡이 보였다고 한다. 그는 "황야는 사치품이 아니라 우리 인간의 영혼에게 꼭 필요한 필수품"이라고 했다.

고독한 순례자..... 나도 정한용 시인처럼 에드워드 애비의 초청장을 받고 싶다. 아득한 저승에서, 무덤에서, 천상의 세계에서 수백 년 전의 주소 불명의 편지를 받고 싶다. 그리고 나의 배낭에도 코냑을 준비하고 싶다. 요즘 발표되는 정한용 시인의 시는 길 떠남의 시, 죽은 자와 대화를 나누는 시가 주종을 이룬다. 혼자 놀기의 명수? 에드워드 애비도, 정한용 시인도 모두 혼자 놀기의 명수다. 그리고 반문명주의자들이다. 황야를 영혼의 필수품으로 여기는 고독한 방랑자이며 친생태주의자들이다. (장인수 시인)

산 속 찻집 카페에 안개가 산다

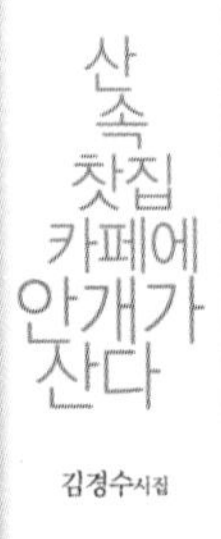

김경수 시집

김경수 시인은 이번 시집에서, 사물의 불가피한 존재 방식을 통해 생의 비의에 가 닿으려는 일관된 의지와 실천을 보여준다. 완강한 일관성이라 할 수 있을 정도로, 시인은 사물들 속에 편재해 있는 소멸과 신생의 원리에 대한 역설적 사유를 수행한다. 물론 그 원리는 일차적으로 '나무' 같은 구체적 생명체들의 움직임에서 발견되고 있지만, 시인은 그것을 특유의 상상과 몽상으로 결속하여 상상적 확산을 꾀하고 있다. 그래서 우리는 그의 시편들을 통해 소멸과 신생의 원리를 내장하고 있는 사물의 형식과 상상적으로 조우하게 되는 것이다. 구체적 실감과 상상적 양감量感을 동시에 보여준 이번 시집은, 그렇게 세상에서 빛을 다하고 사라져 가는 사물들의 풍경을 절절한 언어로 담아내면서, 동시에 고단한 삶을 살아가고 있는 인간들을 유추적으로 향한다. 또한 거기에는 우주적 시간의 소멸과 신생의 흔적들이 선명한 개별성으로 나타난다. 우리는 이러한 시세계를 가능케 한 그의 작법을 일러 시간의 깊이 속에서 드러난 소멸과 신생의 변증법이라 명명할 수 있을 것이다.

– 유성호 문학평론가

| 김경수 |

1957년 대구에서 출생. 1993년 『현대시』를 통해 등단. 부산대학교 의과대학 졸업. 한양대학교 대학원 의학과 병리학 박사과정 수료. (내과전문의, 의학박사). 시집으로 『하얀 욕망이 눈부시다』, 『다른 시각에서 보다』, 『목숨보다 소중한 사랑』와 『달리의 추억』이 있음. 현재 김경수내과의원 원장. 계간 『시와사상』 발행인.

시와사상 시인선 18

서른여섯 가지 생각

첫 시집에서 이미 곡진한 시의 참맛을 보여준 안효희 시인의 두 번째 시집 『서른여섯 가지 생각』은 제목 그대로 시집의 어느 '부위'에 초점을 맞추느냐에 따라 다양하게 읽히고 또 맛을 느끼게 한다. 마치 "서른여섯 가지 부위별로 다른 맛이 난다"는 고래 고기처럼 풍성한 맛의 향연장이 펼쳐지는 것이다. 풍성한 가운데서도 시집을 읽는, 아니 시집을 지탱하는 주된 메뉴가 궁금하다면, 바로 그 '맛'이라는 단어에서 힌트를 찾을 수 있다. 맛은 결국 먹는 일을 통해서 느끼며, 먹는 일은 온갖 생명 있는 존재들의 일상사이면서 삶과 죽음을 잇는 결정적인 대목이다. 모든 생명이 먹는 행위의 주체이자 대상으로 귀결된다면 먹는 행위를 가운데 두고 벌어지는 삶과 죽음의 향연장으로 이 시집은 다시 읽히며, 바로 그 지점에서 "존재는 사라지는 순간 드러나"고 "살아있는 것은 죽어가는 미래를 낳"는 이 시집의 진경을 만날 수 있다. "달콤하고도 위험한 식사"와 "귀신의 그림자를 마주하는 식사"가 전혀 이상할 것 없는 풍경 앞에서 "밤의 꿈과 낮의 환상 사이"를 가로지르는 대화가 다시 한 번 곡진히도 이어진다. "오늘도 귀신하러 갈" 준비가 된 독자라면 귓속말처럼 소곤대는 그 대화가 분명 들릴 것이다. "간지러움, 간지러움, 이 꿈틀거림"처럼 말이다.

– 김언 시인

안효희 시집

| 안효희 |

부산 출생으로 1999년 『시와사상』으로 등단하였으며,
시집으로 『꽃잎 같은 새벽 네 시』가 있다.
『시와사상』 운영위원이며, 웹 월간 詩 [젊은시인들] 편집위원,
부산작가회의 회원으로 활동하고 있다.
메일주소 hyohee58@hanmail.net

032 현대시세계 시인선

미스 물고기

김경선 시집

무거웠던 날개를 펴고
첫 날갯짓을 한다.
허공의 틈을 향해 날아오른다.

마비된 삶의 실상 폭로하며 야유와 풍자하는 김경선의 첫시집『미스 물고기』 김경선의 첫 시집『미스 물고기』의 시들은 우리들의 마비된 삶의 실상을 보여주면서 그로 인한 충격과 파국의 세계를 폭로하며 야유와 풍자까지 내뱉는다. 신의 위엄이 사라진 시대, 인간다운 가치가 급속히 사라져 가는 21세기 한국, 혹은 신자유주의 세계 속에서 고통받는 이들에 대한 꿈과 좌절, 희망과 절망을 그리고 있다. 유명 영화 속의 주인공으로서 온갖 위험과 범죄에 맞서 싸우는 '철의 사나이' "슈퍼맨"의 전락과 왜소화가 대표적이다. 오늘의 한국사회 속에...

마비된 삶의 실상 폭로하며 야유와 풍자하는 김경선의 첫시집『미스 물고기』 김경선의 첫 시집『미스 물고기』의 시들은 우리들의 마비된 삶의 실상을 보여주면서 그로 인한 충격과 파국의 세계를 폭로하며 야유와 풍자까지 내뱉는다. 신의 위엄이 사라진 시대, 인간다운 가치가 급속히 사라져 가는 21세기 한국, 혹은 신자유주의 세계 속에서 고통받는 이들에 대한 꿈과 좌절, 희망과 절망을 그리고 있다.

–출판사 서평

| 김경선 |

인천 옹진군 출생
2005년『시인정신』 신인상 수상
제10회 수주문학상 우수상 수상
웹 월간 詩 [젊은시인들] 편집장
『시인정신』 편집기획위원 역임

김연성 시인의 시집은 하얀 눈길을 걷는 것처럼 환하면서도 쓸쓸하고 아프다. 보이는 것은 모두 눈으로 덮여 환하지만 그 안에는, 눈들이 녹으며 드러나는 실체는, "꼼짝없이, 세상과 두절된, 상처만으로, 여태, 악착같이, 버텨 온, 회한으로 반복되는, 끔찍한 욕망, 위험한 짐승처럼 서로를 할퀴는, 사각도시, 주무관의 슬픔, 직립의 몸부림들"이기 때문이다. 김연성 시인은 그 "지랄 같은 생존" 앞에서도"등 돌린 모든 사랑을 용서하는" '더 큰 사랑'의 항체를 품은 감정노동자가 되어 "지휘봉을 놓친" 가혹하고 버겁고 고립되고 구부러진 현대인의 숙명과 현실과의 거리를 좁혀 나가려 안간힘을 쓴다. 흰 눈처럼 가장 낮은 곳에서 스르르 녹아 누구에게나 오래 안부를 전하고 기필코 사랑을 희망한다. 그곳이 비록 돌이킬 수 없는 벼랑역이라 해도, 사람이 사람을 함부로 읽는 정체 모를 어둠 속이라 해도 그는 '그리움(시)'이라는 불명열로 목청껏, 목이 쉬도록 외친다. "손 들엇, 시(詩) 들엇!"이라고.

— 김상미(시인)

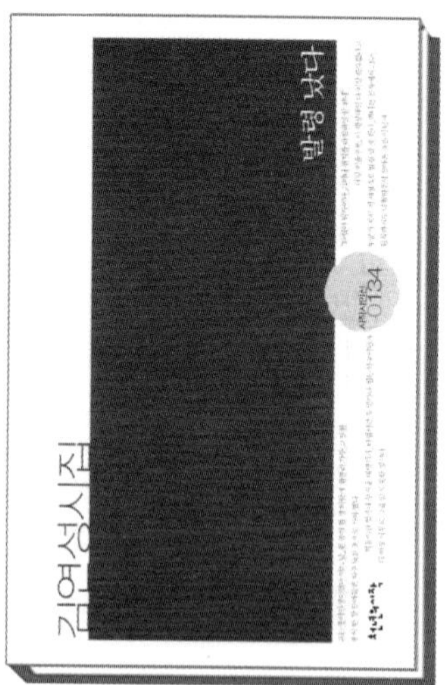

시작시인선 0134

발령 났다

김연성 시집

그림움의 항체를 내장한 감성의 주무관,
매뉴얼대로 살아가는 감정노동자(공무원)로서의 일상적 삶 노래

(주)천년의 시작 서울시 종로구 창성동 158-2번지 2층 Tel. 02)723-8668 | E-mail. poemsijak@hanmail.net

포엠포엠시인선 001
분홍분홍
● 웹 월간詩 젊은시인들 8

초판 발행 | 2012년 8월 1일

지은이 | 김혜영 외
펴낸이 | 한창옥 배성국
기획위원 | 고운기 이문재 이영광
펴낸곳 | **포엠포엠 POEMPOEM**
출판등록 | 25100-2012-000083
주소 | 서울시 송파구 잠실로 62 트리지움 308동 1603호
사무실 | 부산시 해운대구 마린시티 3로 37 한일오르듀 1322호
TEL.02-413-7888 FAX.051-911-3888
메일 | poempoem@hanmail.net
카페 | http://cafe.daum.net/sipoems/

디자인/제작 및 공급처 | 도서출판 두손컴 (등록번호 제329-1997-13호)

값 10,000원
ISBN 978-89-969275-0-1-03810